我不是這樣死的

離奇屍體再鑑定，
法醫現場的**犯罪診斷報告書**

監察医が泣いた
死体の再鑑定：2度は殺させない

前東京都
監察醫務院院長
上野正彥 吳亭儀 譯

推薦序

「屍體再鑑定」是一件相當不容易的事，且涉及到法醫的鑑定報告能不能改的嚴肅課題。前東京都監察醫務院院長上野正彥醫師，以短短的九個案例道出法醫鑑定的精髓。

第一章〈從臉上消失的痕跡〉，講述死者頸部被勒而失禁後，以車子造成的假車禍鑑定中，因為被害者遭輾壓時仍是活體，於解剖中呈現生活反應的精采案例；第二章〈被遺漏的證據〉中，現場有血尿的衣物，解剖法醫並無注意到而有不同的結論，突顯法醫鑑定是團隊合作，才能呈現最真實的結果；第三案例是探討死亡原因係車禍導致的心臟破裂或主動脈剝離所造成，這也是實務上在交通事故中常需釐清的問題，因兩種截然不同的死亡方式或種類，顯現法醫鑑定和時序上的重要性，此亦指出法醫資格需求之嚴格程度，此外，本例最精采的是事件發生所呈現的連續性而帶出因果關係。雖然敘述精簡，但都是經驗且是法醫教育上的重點，尤其在目前詐領保險金等千奇百怪的社會案件中，更突顯這是很好的一本書。

另外，第七章〈小小的溢血點〉，點出溢血點大小和多寡於鑑別心臟病或頸部勒縊在經驗上的不同，尤其在我國推行長照之時，對死亡方式或種類判定有相當的重要性，誠如國內蘇建和案的再鑑定般確實有其必要性，但也要仰賴第一現場證據的蒐集和鑑定團隊的經驗；上野正彥醫師如同說故事般來敘述，雖然輕描淡寫但都是他多年的歷練，對不是法醫的讀者來說，亦能勾起閱讀的欲望。

日本的監察醫制度注重其公正性，所以他們主要將鑑定機構置放於大學中立機關，這是與國內放於法務部下更有彈性和發揮性。基於宣揚法醫鑑定的慎重性和公正性，而且又可以用故事的方式來呈現，以滿足一般大眾對此主題的了解和可讀性，強力推薦由上野正彥醫師集其經驗所著《我不是這樣死的：離奇屍體再鑑定，法醫現場的犯罪診斷報告書》，亦感謝出版社願意出版這類書籍。

孫家棟／臺灣大學法醫學科教授

前言

屍體再鑑定的離奇劇場

我的職業是一名法醫[1]。在東京都監察醫務院工作的三十年間，為了調查發現於東京都內可疑屍體的死亡原因，我參與了這些屍體的驗屍及解剖工作。

我相驗過的屍體數量多達二萬具，並負責其中超過五千具屍體的解剖工作。

「我沒有自殺，我是被殺的。」

---

[1] 本書作者的正式職稱為監察醫。在日本目前只有東京、橫濱、名古屋、大阪及神戶這五大都市設有監察醫。除了涉及監察醫制度外，為方便讀者理解，全書皆以法醫一詞代稱。

一路走來，我傾聽著死者的聲音。

在我離開東京都監察醫務院的同時，付梓出版了《死体は語る》（暫譯《屍體會說話》）一書，該書成為暢銷書籍之後，也接到愈來愈多的委託，希望我再次鑑定已有初步驗屍結果的遺體。身為法醫學評論家，我在電視台及廣播進行相關解說，另一方面則承接警察、保險公司及遺族的委託請求。

「雖然驗屍解剖的結果已經出爐，但這就是真相嗎？希望能請您協助再次鑑定。」

原先被警察視為交通事故來處理的案件，後續卻發現了疑似謀殺的線索；投保了一億日幣意外傷害保險的被保人遭遇事故死亡，之後卻出現被殺害的疑點；受遺族欺凌致死的遺體，其驗屍結果卻是病死，讓委託人無法接受……。因為種種原因，委託我進行再鑑定。

我要做的是仔細檢查委託人提供的資料。只有在能夠根據客戶要求進行鑑定的狀況下，我才會承接案件，除此之外的委託便斷然拒絕，絕對不會為了收取鑑定費用，而做出扭曲事實、對委託者有利的鑑定。

目前為止，我經手過的再鑑定案件，一年大約承接十件案子。開始從事屍體的再鑑定後，我有了新的體悟。這句話聽來可能有語病，但我認為與平常的驗屍或解剖工作相比，再鑑定實際上更具戲劇性。

在其他法醫學者已經提出鑑定結果的情況下，我以該結果為基礎，再次鑑定其判斷是否有誤。在這之中，各式各樣的人及關係複雜地交織在一起，事件本身因此翻案二次、甚至三次。我也曾接過案發好一陣子後經過再鑑定的「再再次鑑定」；或是必須親自到法庭，與最初的鑑定人對峙及作證的案子等。

本書是我初次針對這類型「屍體再鑑定」的案件所完成的著作，請各位務必進入這一個個離奇的劇場，直到書的最後一頁。

上野正彥

目錄 Contents

CASE

1

從臉上消失的痕跡

聖誕歌曲流淌在城市的每一個角落，我在音樂聲中搭上縣警局派來的便衣警車後座，前往某個偵查地點。負責駕駛的是一位年輕刑警，與我比鄰而坐的另一位刑警則較為年長，負責偵查這次的案件。

「醫生，今天還請多多指教。」

身旁的警官一邊說，一邊向我點了點頭。我們搭上警車後已經過了一個多小時，看來搭車時間將會相當漫長。這位警官似乎十分健談，甫一上車，就開始滔滔不絕地聊著近期受到電視節目關注的一起凶案。話題環繞在案件上大概是刑警的職業病，也是他們日常閒聊的模式吧。

當他幾乎講完整起事件之後，忽然話鋒一轉：「最近我接受了健康檢查，總覺得好像快要得糖尿病了。醫生，請問有什麼該特別注意的呢？」

我除了擔任過東京都監察醫務院的院長，同時也是一個醫學博士，因此前來諮詢這類問題的警官不在少數。以前共事過的警官，在女兒感冒遲遲無法痊癒時，也向我諮詢過是否可能有其他疾病。這種情形通常僅止於閒聊的程度，對象如果是老師，話題就會環繞在教育上；若是和尚，就會談論與人生有關的話題，所謂的聊天大概不外乎如此。

雖然我一直以來基本上只跟屍體打交道，但離開東京都監察醫務院的崗位後，曾應熟識的醫生之邀，到其經營的醫院協助健康診斷相關業務，因此在一般診療上也算是有相當的經驗。就在我向警官提出糖尿病的注意事項時，原本微笑聆聽的他倏地臉色一變。

「醫生，差不多要到了。」

他探頭穿過駕駛座與副駕駛座中的空間，指示開車的部下「在彎道前停車」。方才談話時的溫和神情，迅速轉變為嚴肅的刑警面孔。警車在路邊停下後，警官特別事先叮嚀我。

「醫生，這條路左轉之後就是案發現場，由於是在受害者住家的正前方，家屬也都還住在這裡，為了不要引來鄰居的閒言閒語，希望這次能夠暗中進行偵查，可以的話，等一下請盡量若無其事地查看，不要在定點停留太久，我們會非常感激。這麼突然地要求您配合，實在非常抱歉。」

「好的，我理解了。」

多年來隨著警方進行偵查，我完全理解他們的難處。

由於事先看過照片，我的腦中已經對現場狀況有了大致的印象。

下車後，我略微慎重地依照警官的指示，在前方的彎道左轉，眼前是一條延伸約一百公尺的直線道路，左右兩側分別是寬一公尺的人行道，看起來就是市郊隨處可見的住宅區。

立刻映入眼簾的，是地上擺放著的小小花束，置於三十公尺外的左側車道與人行道之間，無須特別確認，讓人一眼就能知曉事故發生之處。

雖然無法得知是誰在此供奉花束，但是每次當我目睹這樣的現場，都能再次感受到世間還存在著人與人之間的溫情。事故發生至今已過了四年，仍然有人不忘帶著花束，前來為死者祈求冥福，這讓我的內心相當感動。

我舉步走到那裡，往左邊瞅了一眼。

坡道的兩邊並排著幾幢住宅，其中某一棟建築應該就是受害者的住家吧。

事件發生在四年前的夏天，晚上十一點左右。

一位主婦告訴家人要到便利商店後，便跨上腳踏車出了家門。由於住家坐落於高處，到達人行道之前必須經過一個短暫的下坡。她在下坡時加速，可能剛好輾到路上的碎石，便連人帶車往前方摔出。

人行道緊鄰著車道，事故發生的當下，腳踏車倒向人行道，死者整個人跌入車道，倒地時剛好頭部朝向車道外側。不巧的是，當死者倒臥在車道上時，一輛轎車以時速六、七十公里左右的速度駛過，左前輪輾過死者頭部，導致她當場死亡。

駕駛所陳述的目擊狀況如下：行駛在直線道路時，突然看見人影從左側人行道飛出、倒臥在車道上，當意識到時已經來不及煞車，左前輪便輾過了死者。

雖然駕駛立刻叫了救護車，對方已然不治。將屍體移送到醫院後，醫師於死亡診斷書的死因欄位填上「顱底骨折及腦挫傷」。現場採證則交由地方交通課的警官進行。

與死者同居的母親目睹了整個事件的過程。根據她的證詞，女兒騎著腳踏車下坡，來到人行道時失去平衡，整個人越過人行道被拋出車道，趴臥在車道上時遭右方來車輾過。

因為與駕駛的證詞一致，警方便朝著交通事故的方向偵辦。

那麼，為何我會站在當時的事故現場呢？

並且不是由交通課警察陪同，而是搜查一課的刑事警察？

事情大約發生在一個禮拜前，正好是十二月上旬。

三名刑警到我家拜訪，包括最初打電話和我約見面時間的人，他就是上車後坐在我身旁、詢問糖尿病要注意什麼事情的那位刑警。另外，還有此次擔任駕駛的年輕刑警，以及這兩位警官的上司、也是專門負責偵辦凶嫌的警視[2]。

警察是典型的階級社會，與兩位部下一起前來的警視，是為了進行禮貌性的拜會。以雜誌社來比喻的話，陪同至現場的兩位刑警就像責任編輯，警視則

---

2 相當於臺灣中階警官的二線三星、二線四星。

相當於總編輯。

三人進入屋內客廳後，依上司、負責人及助手的順序入座。然後，坐在正中央的負責人開始說明案情。

「醫生，其實今天來是因為夏天時您提出的那份交通事故鑑定報告，內部進行偵查後，前些日子逮捕了死者的母親。我們希望醫生協助再次鑑定，所以前來叨擾。」

他簡單說明案情，並從公事包中拿出一疊厚重的搜查資料。由於並非前來問話，而是尋求協助的緣故，即使是態度強硬的刑警，語調也顯得緩和。

因交通事故意外死亡的受害者，生前被人投保。後續得到的情報還有身為受益人的母親相當揮霍，以及她與事件的駕駛有往來等。

掌握了這些情報後，原先暫交給交通課、以交通事故處理的案子，便被移轉到搜查一課。搜查一課再次開啟調查，在秘密偵查的過程中，委託我對屍體進行再鑑定。

我徹查當時的鑑定報告及相關資料後，製作了一份再鑑定報告，並提供給警方參考。隨後，警方根據鑑定結果循線追查，逮捕了受害者的母親。

說到底，整起事件必須追溯到今年七月。

那時，再鑑定的委託書由管轄當地的警察署長簽名後，送到我的住處。警方之所以希望我進行鑑定，主要是基於以下兩個理由。

第一，事件發生的原委為何？

第二，關於「受害者遭到時速六十公里的車輪輾過頭部」此一證言，對照屍體狀態是否有矛盾之處？

也就是說，警方想委託我針對四年前被當成交通事故處理的案件，確認當時的調查結果是否無誤。

駕駛的證詞內容為：「當時我大概以時速六、七十公里的速度開車，然後發現有個人影從人行道被拋向車道，上半身趴臥在車道上。我意識到的時候離對方只差十公尺，連踩剎車的時間都沒有。左前輪附近隨即『碰』地一聲受到衝擊，我心想『慘了，輾到人了』，霎時腦中一片空白。」

如同證詞所述，經交通課的警察確認後，現場的確沒有留下剎車痕跡。

之後，目擊整起事件的受害者母親這麼說：「我女兒說想要去一下便利商店，便匆忙地騎著腳踏車出門。因為她看起來相當倉促，我總覺得有點不太對勁，所以才特地從窗口注意她。這麼說來，因為家門前的坡道陡斜，下坡時常常會在人行道與車道相連的地方，撞到人或腳踏車。也許是不好的預感應驗了，我女兒騎到路上時，不知輪胎是輾到石頭或什麼東西，我看見她的上半身突然被拋出去，接著倒臥在車道上，剛好被從右側開來的車子輾過。我急忙衝出家門趕到現場。」

根據現場急救人員的證詞，受害者當時仰躺在地，身體與事故車輛平行，推測恐怕是被車撞到後衝擊力太大，整個身體彈跳出去，因此才轉了一圈變成仰躺。

「受害者只有頭部和臉部受傷，除此之外沒有明顯的外傷。事故車輛則沾上一些油汙及毛髮，車身沒有大礙。」

這就是最初警方判定其為交通事故的調查內容。

再鑑定時會連同警方提供的資料一起檢查，雖然各式各樣的資料都有，就此次的事件來說，引起我注意的是以下這些資料。

首先是事件現場的勘查報告，以及事故車輛暨受害者腳踏車的位置勘查報告。這些資料可以呈現出事故發生時，現場本身、事故車輛與腳踏車的狀態。

接著是受害者的死亡證明書（相驗屍體證明書）。從這份資料我們可以得知，第一個看到受害者屍體的醫師，對受害者的死下了什麼樣的判斷。

然後是急救人員趕到現場時所做的紀錄。其中記載著當時目擊到的受害者狀況，以及叫救護車的人與醫護人員之間的互動。

對於與事件完全不相關的第三者來說，這些是較為客觀的資料。

最後是當時拍攝受害者傷口、現場及事故車輛之類的照片。

這些資料是進行鑑定時特別貴重的資料。萬一沒有拍攝到受害者的傷口，在法醫學鑑定上可以說就是無能為力的狀態。照片拍得愈詳細愈好，因為即使是相似的照片，只要角度不同就有可能看出一些端倪。雖然不解剖就無從得知的事情也很多，但這次沒辦法再度進行解剖，因此資料裡也附上了頭部的X光及電腦斷層掃描照片。

其實，有另一位大學教授也接到了同樣的鑑定委託。委託的時間點在六月，是我接到委託前一個月的事情。

在那次的鑑定結果出來之後，警方再次委託我鑑定。

那麼，關於這起事件，大學教授導出了怎樣的鑑定結果呢？

受害者的照片大約有三十張左右，大學教授針對每張照片一一解說，最後提出鑑定意見書。

鑑定了臉部與頭部的照片後，大學教授做出以下結論。

「根據照片判斷，受害者在右後頭部至右側頭部，與路面或其他平面較為凹凸的部分接觸的狀態下，被某個強力的鈍體施加壓力於左臉上。」

也就是說，教授判斷受害者是在臉部右側被壓於路面的狀況下，被輪胎輾過頭部左側，瞬間壓碎其左臉。

「在推斷受到外力作用的臉部部位上，沒有鈍體碰撞的跡象。針對頭部、臉部都被壓碎這一點來看，我判斷鈍體主要施加了一股強力的壓迫性外部作用力。另一方面，由於右臉頰有凹陷的痕跡，暗示右臉頰曾受到路面的壓迫，而從現場路面上的血液中，找到被推定為頭髮的線狀物研判，受害者是在右後頭部與路面接觸的狀態下，遭受壓迫性的外部作用力。」

以上是教授針對受害者遭輾斃時的狀況，所做出的說明。

「左臉頰的創傷來自於與車輛相關的外力，也就是說，該傷勢的肇因為遭輪胎輾壓。另外，由於沒有碰撞的痕跡，可以判斷倒臥的受害者是被較低速行駛的車輛所輾過。」

教授讀完警方提供的鑑定報告，寫下他再次鑑定之後的想法。

第一、針對警方於委託書提出的問題，也就是「事件發生的原委為何」，教授做出以下結論。

「四年前的鑑定結果為受害者被輾時處於趴臥狀態，這一點應當沒有問題。由於屍體上沒有與車輛碰撞的痕跡，受害者是在趴臥狀態下、從右至左被輾過。」

第二、關於「受害者遭到時速六十公里的車輪輾過頭部此一證言，對照屍體狀態是否有矛盾之處」此一疑問，教授的結論為「衝撞時車輛的時速應該不到六十公里，推測最多僅有二、三十公里左右。」

這個鑑定結果只是依據警方的調查結果，對交通事故中受害者的受傷狀況進行說明。雖然刑事課也沒有明確的見解，卻認為此案並非單純的交通事故，對於可能還有其他未發現的因素感到不安，因此委託我進行再鑑定。

對於這起事件，我提出的鑑定結果又是如何呢？

我和前述的大學教授一樣，依據相同的資料進行再鑑定。

使用同樣的資料，可能產生不同的鑑定結果嗎？如果資料內容相同，應該也會導向同樣的鑑定結果不是嗎？這麼想的人也許不在少數，但這並非必然。

即使檢視相同的資料和照片，看待事件的角度不同，就會大幅影響結論。有時候，說服力取決於累積經驗的多寡。

無論如何，我必須從慎重檢視每一份資料、每一張照片開始進行。

最先進行鑑定的大學教授與我的再鑑定結果，有什麼不同呢？

雖然我同意教授的第二點結論——受害者遭輾過時，車輛時速並非六十公里，而是較為緩慢的行駛速度，但我的推斷與該結論有一個很大的相異之處。

我在意見書上，針對此點提出的結論如下。

「顱底骨折、腦挫傷、下顎骨折等傷勢，在與車輛相關的前提下來考量，無論受害者是仰躺的狀態，抑或是其他相近的姿勢，都和受害者是由左臉至右臉、被低速行駛的車輛輾過之推論沒有衝突。」

也就是說，大學教授的結論是：受害者在趴臥的狀態下被車輛輾過。

另一方面，我的結論則是：受害者在仰躺的狀態下被車輛輾過。

檢視相同的資料，為何會導致完全不同的結論？

如果就像大學教授所主張的，假設死者被車輾過時的狀態為趴臥，那麼，其實在資料當中，有決定性的照片可以證明事實並非如此。

當人臉與柏油路接觸時，在注意擦傷或顱底骨折這類型的證據之前，若死者真的是在趴臥狀態下遭車輛輾過，屍體上應該會留有某個痕跡。

那就是砂礫所造成的傷疤。但是，這位受害者的臉上，並沒有留下砂礫的痕跡。

如果是趴臥時遭車輛輾過的話，施加在臉上的壓力應該會相當大。當我們開車輾過放在柏油路上的包包，毫無疑問地，包包會沾滿路面上的細小沙礫；這一點在人臉上也是相同的。

當輪胎壓過頭部，細碎的沙礫便會黏在臉上，但是照片裡卻沒有拍到類似的痕跡。那麼，為何這麼重要的事情會被忽略呢？

我想也許有人會認為，就算找不到沙礫，如果在仰躺的狀態下被車子輾過，難道臉上不會留下容易辨識的輪胎痕嗎？

實際上，人體被汽車輾過時，驅動輪比非驅動輪更易造成顯著的輪胎痕。肇事車輛的前輪是非驅動輪，而且死者被輾過時汽車是低速駕駛的狀態，雖然顏面受傷，卻沒有留下能用肉眼辨認的輪胎痕。由於臉上的痕跡相當淡，我想大學教授就是因此判斷，這是與地面接觸所產生的痕跡。

此外，還有一項嚴重的疏漏。如果主婦是從腳踏車摔落、以前傾的姿勢倒在車道上，一般來說，兩手會向前方突出，反射性地採取防禦姿勢才對。這麼一來，雙手的掌心應該會有擦傷，兩腳的膝蓋上也會有擦傷和瘀青，但是在這位主婦身上，並沒有找到類似的傷痕。

另外，如果兩隻手臂為了防禦而放在臉部附近，應該連上肢也會被車輾過，但是死者的雙手卻沒有受傷。如此看來，主婦當時並沒有伸手防禦，而是讓臉部直接跌落地面。不得不說，這是一種極端不自然的跌倒方式。我認為大學教授（第一鑑定人）可能受到事故發生時的目擊情報影響，有了先入為主的想法，因此以死者趴臥為前提來考察該事件，這樣的情況其實相當常見。

翌月，由於我提出的再鑑定報告，讓事件有了極大的進展。

如果大學教授的鑑定結果正確，那麼，雖然與被視為交通事故處理時「周遭的證言」及「汽車行駛速度相關證言」有出入，該鑑定結果還是會成為死者是跌倒遭輾斃的證據。

但是，若我的鑑定結果正確，就代表死者母親的目擊證言是謊言。

警方根據我的鑑定結果，追查受害者的母親後，她才吐露了真相，並於十一月遭到逮捕。

因此，三位刑警為了進一步委託而前來拜訪時，已是十二月了。至此，即為這次委託的前因後果。

由於警方取得了母親的自白書，希望我能針對目前浮出的疑點再次進行鑑定。委託的前提事項記載如下：

1.「受害者是在仰躺於道路的狀態下，遭汽車輾過頭部。」

這一點很明顯是依據我的鑑定主張所設定的新前提。

2.「受害者是在被人用右手腕緊緊掐住脖子的狀況下，再被鏟子的木製握柄壓制住。」

這一點是根據受害者母親的自白書而添加的前提事項。

3.「嫌犯供稱，用鏟子壓制住受害者的脖子時，受害者先是嗚咽一聲，接著傳來手腳扭動的聲音，之後就沒了聲息，當時受害者有失禁的現象。」

與上一點相同，這也是出於母親的自白書。

4.「從受害者的脖子被掐住到被車輾過，這段時間大概是二十分鐘。」

這一點也同樣來自於自白書。

根據上述新的前提事項，警方委託我再次進行鑑定，找出受害者真正的死亡原因。

為了此次鑑定，警方希望我更加掌握整體狀況，這就是本章開頭，我搭上便衣警車前往事件現場的原委。

那麼，受害者的死亡原因究竟為何？是被車輛輾斃的嗎？或者更早之前就因為頸部被勒住、窒息而死？警方改為請求進行這方面的鑑定。

我想我的讀者應該知道，如果是頸部被勒住、窒息而死的狀況下，解剖時頭蓋骨會有瘀血。由於我並未負責這次事件的解剖，對於細節不得而知，但是仍然可以從屍體的外觀，做出一定程度的推測。

一般來說，窒息死亡的屍體由於頸靜脈受到壓迫而閉鎖，顏面會膨脹並伴隨清晰可見的瘀血，但是受害者的臉上並沒有這種現象。這就代表即使死者的頸靜脈受到壓迫，當下血液還在循環，因此，可以判定頸部受壓迫的程度並不致死。

雖然在母親的供述中，死者頸部被勒住時有失禁的現象，但那代表著死亡嗎？由於上吊自殺通常伴隨失禁，因此，人們很容易將失禁與死亡聯想在一起，但是我們無法以此當作判斷生死的依據。失禁是失去意識的時候，因為神經麻痺所造成的現象，就算受害者尚未死亡也有可能失禁。從頸部被壓迫到車子輾過，推斷大約為二十分鐘左右。考慮到這段時間，受害者被車輾過的當下，或許只是暈了過去，她還活著的可能性相當高。

觀察受害者的左下顎有肇因於車輛壓迫，而產生的帶狀皮下出血，左耳的部分也有皮下出血的斑點。由於這些身體現象只會發生在活人身上，從這幾點來看，我們可以判斷受害者在被車輾過的該時間點，其實還活著。

因此，我再次做出以下結論：受害者在被車輾過的該時間點仍然存活，死亡原因是顱底骨折引發的腦挫傷。

受害者的母親與另外四名男子一併遭到逮捕，五人結夥並且都有涉案。

五人犯案時的角色分工為：兩名男子勒住受害者的脖子，使其失去意識，並將受害者搬運至馬路上，完成後他們便向待命的車輛發出信號。第三位男子負責開車輾過受害者，剩下的第四名男子則負責向警方報案。這麼一來，母親便成為目擊證人，以上就是整體的犯案過程。令人驚訝的是，母親竟然也參與了這場犯行。

「我女兒騎著腳踏車下坡時，被不平整的路面絆倒，上半身被拋出車道，並在趴臥的狀況下被剛好經過的車輛輾過。」

五人經過縝密的計畫之後，便依此行動。

當初警方將此案件視為交通事故，一切應該會照著五人的計畫進行才對。

但是，他們卻因為人類的某個習性，犯下了決定性的錯誤。

通常我們要搬運人體的時候，會在面朝上的狀況進行。如果你實際試試看，很容易就能理解到，搬運一個趴臥的人體其實相當困難。

或許他們面對仰躺的受害者時，心情產生動搖，才讓受害者維持搬運時的狀態，兩手擺在腰部旁，就這樣放置在路上。完全沒有發現他們必須讓受害者呈現趴臥姿態，最後，與他們自導自演的劇本產生了歧異。

又或許他們當時是覺得「啊，沒關係啦」，抱著無所謂的心態也說不定。

但是，果然如此，屍體會說話。

「請看看我的臉，我的臉上沒有沙礫對吧？我不是趴臥，而是在仰躺的狀況下被車子輾過的。」

CASE

2

被遺漏的證據

「醫生，請問可以占用您一點時間嗎？」

在某個護理學校，我以《屍體會說話——由死觀生》為題受邀演講，那是講座結束後發生的事情。當時我正將幻燈片等器具收進包包並準備離開，聽到搭話聲後我抬起頭，站在眼前的是一名女性。

是不是對演講內容有什麼問題呢？我這麼想著，等待對方再次開口。

接著，她報上了某個姓氏。我在哪裡見過她呢？腦海裡有一條記憶之線朦朧地牽引過來，一時之間卻想不起來。

「醫生，您曾經關照過一位律師，我是那位律師的女兒。」

一聽到她的話，我腦中立刻浮現了某位律師的溫柔臉龐。

「啊，是這樣嗎？剛剛真是失禮了。彼此彼此，當時我也承蒙關照。令尊近來好嗎？」

「很遺憾，家父在兩年前因病去世了。」

「咦，是這樣嗎？」

印象中那位律師年紀應該不算太大，只不過人各有命，這也是沒辦法的事。

「家父生前曾經提過，某一場官司因為托醫生的福才能勝訴，當時他真的非常開心。」

「不、不，因為『屍體會說話』，我只是替死者說出他們想說的話而已。」

配合當天的演講主題，我稍微開玩笑地如此回答，或許是因為了解我話中的涵義吧，律師的女兒綻開了一抹與父親十分相似的溫和微笑。

她的父親為了案件到我家拜訪，已經是距今十年以上的事了。

事情的開端源自於該事件被害者的父親打來的一通電話。他應該是透過電視或書籍得知我的名字，為了和我商量，便找上出版社，因此出版社來電詢問我，是否願意提供聯絡方式給對方。我想著，他應該有相當緊急的事情要商量吧，就算是電話也好，先聽聽看再說，於是接受了對方的請求。

我快速地了解事件梗概，細節容後再述；我必須先確認對方是否正尋求律師的協助，以判斷對方究竟只是想抱怨，還是真的想解開事件的真相，藉此了解諮詢者的認真程度。

「是的，我有找律師協助，並商量務必要請您協助再鑑定。當時的結論是，必須根據這次聯絡的結果，再來決定後續。」

「這樣啊，那麼能不能請您到我家一趟呢？」

「啊，非常感謝您！」

電話那頭的男子發出了雀躍的聲音，我的心情卻沒有這麼高昂，真要說的話，其實是感到相當沉重。自稱被害者父親的男性，光是聽到我回答「見個面吧」，就覺得已經受到幫助，他高興的模樣透過話筒傳達過來。但是對我來說，是否要接受委託，說到底還是得先仔細確認對方提供的資料才能決定。

傾聽諮詢者的故事時，我也會有覺得「真的好可憐啊」而強烈同情對方的時候。

例如，曾有一位女性前來諮詢。她的獨生子考上了東京的大學，於是前往當地展開一個人的生活。在鄉下的母親一直掛念著兒子，擔心「他過得好嗎？」「有沒有好好吃飯呢？」

突然有一天，這位母親接到警方的電話，通知她：「您的兒子過世了。」

母親匆匆忙忙地來到東京，映入眼簾的是愛子的冰冷屍體。

「您的兒子應該是自殺。」雖然聽了警方的說明，她卻無法接受。

「我的兒子不可能自殺。」這位母親向警方控訴道。由於根本找不到遺書，所以她判斷是偽裝成上吊自殺的他殺事件。

聽說當這位母親被問到「有沒有任何妳覺得可疑的人呢？」她回答：「有，一定是那個男人。」警方詳細地調查了內情，希望可以說服她「沒有這回事」，但她就是不能接受，因此前來向我諮詢。

她將事件的概要從頭說明一遍之後，流著淚控訴。

「醫生，警察告訴我是自殺，但我認為我兒子絕對是被殺的。犯人明明殺了人，卻還藏身在這個世界上逍遙過活，真是不可原諒！」

一位失去愛子的母親，只要想到她的心情，我就無法阻止自己同情她。因為受到她的影響，我也詳細地調查了死者的驗屍結果，但是屍體這樣告訴我：

「媽媽，雖然妳覺得我是被殺的，但我是自殺喔。活著太痛苦，所以我了結了自己的性命。媽媽，對不起，承蒙您的愛與養育之恩，才有現在的我，但是我已經不想活了……。所以，媽媽，請不要繼續尋找不存在的犯人了。盡快忘了我，過妳自己的人生吧。」

我不能無視死者的聲音。

並不是要站在警方那一邊，但他們面對搜查本來就不能隨便。極罕見的狀況下，有可能因為搜查疏失而產生錯誤，所以會讓像我這樣的法醫學專家進行再鑑定，即使如此，基本上我必須根據法律進行驗屍或解剖，徹底調查背後的事實真相，並且做出判斷。

我的判斷不能輕易地被家屬一時的情感所推翻。就算訴諸情感，主張這並非自殺而是他殺，如果沒有物證，就不可能推翻國家的裁決。為了推翻結果，除了和律師好好商量並蒐集證據，還必須有長期抗戰的準備。

「這位媽媽，我可以理解妳的心情，但是妳兒子告訴我，他不是被殺而是自殺……」我這樣告訴對方，拒絕了她的再鑑定委託。

我不可能為了鑑定費用，勉強自己編造莫須有的事實，也不可能因為諮詢者認為兒子是他殺，就順著對方的意思進行鑑定。

女性的身體與孩子連結在一起，也許是出於母性本能的緣故吧，前來諮詢的對象，很多都是失去孩子的母親。而且在比例上，兒子比女兒要來得多。

「警方把我兒子的死當成自殺案件來處理，但他是被殺的，請您協助再次鑑定。」

為了類似案件而來的母親，恐怕占了全體諮詢案的七成左右。

「〇〇，快起來！」

當我還是法醫時，曾經遇過這樣的母親，她拚命地想叫醒因為交通事故被壓扁致死的孩子，當時我的胸口也像是要跟著崩潰了，母親對孩子的愛就是如此強烈而深刻。相反地，孩子希望再次鑑定父母的死，通常確認是否為醫療事故的狀況則壓倒性地多，或許這正反映了世態吧。

似乎有點離題了，在前述案件中，與被害少年的雙親一起來拜訪的，還有一位律師；就是本章開頭提到演講結束後，那位來和我搭話的女性的父親。

事件的概要敘述如下。

被害少年是國中生，他與另一位平常就不對盤的少年因為小事吵架，放學後，兩個人約好到學校後方做個了斷。

對方雖然有四、五位夥伴同行，但是他對夥伴們說：「先在這裡等。」因此進入山林的只有兩個人。正當他們一對一打架時，被害少年的肚子突然被踹飛，然後發出「唔唔」的呻吟聲，整個人便向前倒地。

於是，慌張的加害少年呼叫了在附近待命的夥伴。趕到現場的少年們也發現被害少年的樣子不對勁，為了尋求幫助，他們叫了救護車。雖然被害少年被送往醫院，一個半小時後仍不治死亡。當時，醫院提出的死亡證明書上記載為「死因不詳」。

加害少年被逮捕後，於少年法庭展開審理。由於一開始送去的醫院無法判斷被害少年的死因，便轉交某間大學進行司法解剖，該大學對死因的判定如下。

「和朋友打架時，外力作用於腹部，引發神經性休克導致死亡。」

法官認為僅憑一次鑑定結果來審判欠缺客觀性，因此委託另一所大學再次鑑定，以確認第一次鑑定是否正確。由於少年法庭不對外公開，作法可能與一般審判有些不同，但在少年法庭的審理中，這樣的作法似乎是理所當然。

第二所大學提出的鑑定結果為「死亡原因是壓力性心肌病變」。

被害者大動脈的起始部位相當窄，腎上腺皮質束狀帶等部位也很薄，因此判定被害者是體質因素誘發壓力性心肌病變，死因是病死。

第一位大學教授的鑑定結果，是少年打架時因腹部被強力踢擊，引發神經性休克導致死亡，換句話說，打架是造成死亡的原因。但是，第二位大學教授的鑑定結果卻認為，死亡原因並非打架，而是由於慢性疾病發作導致病死。

前者是外因性，後者卻為內因性，呈現完全相反的鑑定結果。

法官詳細地審查了這兩次的鑑定結果，判斷後者的鑑定結果，也就是病死的可信度較高。即使腹部被踢了一腳，但腹部沒有皮下出血、內臟也沒有損傷，恐怕難以推導出被害者是因強大外力，導致神經性休克死亡的結論。

結果，法院判定被害少年的死因為「壓力性心肌病變導致病死」，由於「與打架沒有因果關係」，最終決定不起訴加害少年。

這就是少年的雙親和律師一起來找我商量的原委。

少年的父親在我面前極力主張：「我兒子明明是因為打架被殺，法院卻判定是病死，殺人兇手甚至被不起訴處分而無罪釋放，我怎麼想都覺得奇怪。」

聽了他的話，我告訴他：「法院委託鑑定的兩所大學，都是日本相當優秀的大學。法院在兩所大學的法醫學者[3]鑑定之下，採取了後者的鑑定結果，我

---

[3] 法醫學者通常是大學教授，設籍於大學的法醫學教室，負責業務為司法解剖、承諾解剖、新法解剖，並且因為在大學的法醫學教室任職的關係，也會從事追究死因相關研究、調查法律文件及教學等業務。

認為我應該不會有什麼新的發現。」

這是我的真心話。如果只有一所大學的鑑定結果，或許還有鑑定錯誤的可能性，但當時委託了兩間大學，結果顯然已經出爐。我認為在目前這個立足點上，無法導出新的鑑定結果。

聽完我的說明後，少年的父母嘆了一口氣。考量到目前為止的事件經過，這也是沒有辦法的事。此時，律師閒聊似地向我提到：「上野醫生，您知道壓力性心肌病變嗎？其實我至今為止都沒有聽過這種病。」

我在聽取少年父親說明案情的時候，確實很在意大學教授提出的「壓力性心肌病變」這個病名，因為我也幾乎沒有聽過這種病。

根據律師的說明，被裁員的中老年人或被逼到考慮自殺的人，就是主要的發病族群。而白天盡情玩耍，飲食上不虞匱乏、吃飽就睡的普通孩子，一般認為，應該與這種病扯不上關係才對；更何況過世的少年還加入了運動社團，看似對運動抱有相當的熱情。

根據後者教授的鑑定報告，壓力性心肌病變不會馬上發病。如果原本就患有焦慮性精神官能症，例如數年來經常夜不能眠的患者，心臟已經處於異常的狀況下，就有可能因為吵架激動而發病。

少年並不是因為被踢致死，而且即使少年真的有被踢飛，由於沒有出現皮下出血或臟器破裂等症狀，照理說對性命不會造成什麼大問題。而以顯微鏡仔細觀察少年的心臟後，發現他的心肌並非正常狀態，因此可知死因是在吵架的時候，不幸地一口氣對心臟造成負擔之故，以上便是該教授的說明。當時也額外附上許多國外的文獻資料並據理而書，法官似乎因而判斷這是正確的鑑定結果。

只是若以常識判斷，壓力性心肌病變的發病族群，主要是被公司炒魷魚、擔心往後生活沒有著落這類型的人，年紀尚小的孩子有可能得這樣的病嗎？實在很難讓人揮開這層疑惑。

「那麼，能先讓我看看資料嗎？」

首先拿到的是兩位大學教授提出的鑑定報告，由於我已經大致聽過這個部分的說明，所以決定稍後再慢慢詳讀。

「還有其他資料嗎？」

「醫生，關於這個……」少年的父親一邊說，一邊從手邊的包包裡，拿出事故當時少年穿著的整套衣物。

「這是之前作為證物被扣押的東西，在少年法庭的審理結束之後，便發還回來。」

我一一確認放置在塑膠袋內的各項物品。

首先看到的是襯衫，接下來是褲子，上頭還保留著當時沾到的泥巴。

一般來說，證物會在徹底清洗之後才發還，不知為何，這件褲子仍維持事件當時的狀態就被歸還了。不過就結果來說，因此將案件導向了好的方向，人生有時實在不知道幸或不幸為何。少年的父親將那些衣物一件一件地攤開、放在桌上。

他最後拿出來的，是少年當時穿的白色內褲。

「這是？」我指著內褲上一個像是血跡的汙漬。

「這恐怕是血跡。」少年的父親回答。

「就沾到的部分來看，這應該是血尿。」

「血尿嗎？」父母二人都露出驚訝的表情。

「可以讓我看一下嗎？」

我匆匆忙忙地把執行解剖的教授所寫的鑑定報告拿來，上面寫著「膀胱內無尿液」。

教授解剖後，認為膀胱裡沒有尿液。也就是說，被害少年在現場挨了一腳，失去意識的同時也漏尿了。所以膀胱才會是空的，根據報告書的內容，我馬上就能做出判斷。

「這是因為下腹部被踢了一腳，所以產生血尿，並不是什麼病死啊。」

雖然第一位鑑定的大學教授判斷，少年的死因是被踢後休克致死，卻沒有提出關鍵的證據，來證明少年真的被踢了一腳。臨床上沒有找到其他導致死亡的原因，加上被踢而引發的腹膜外出血只有蘋果般大小，算是輕度的傷勢，所以該教授判定外傷性休克的死因也僅止於推測。

為什麼被害者的內褲，沒有成為鑑定時的評估根據呢？

因為在大學進行解剖時，這些衣服被警方當作證物扣押，所以大學教授並沒有看到被害者的內褲。可以說，這就是大學的法醫學教室與監察醫相關機構之間的差別。

遺體如果交由大學解剖，被害者的衣物會被脫光，赤裸地放上解剖台。相對於此，法醫是親自到達現場，連衣物等全部調查一遍之後，再對赤裸的屍體進行驗屍、解剖等，因此能夠全面地了解事件經過。

法醫學鑑定人本來就必須到現場觀察、聽取當時的狀況、確認被害者衣著的損害程度，以及觀察赤裸的屍體等，仔細地完成以上調查程序，對事件的內容十分有把握之後，才開始進行解剖。

判斷死者為病死的大學教授是第二鑑定人，因為看了第一鑑定人的鑑定報告，發現蘋果般大的腹膜外出血算是程度輕微，不可能造成休克死亡，再加上內臟也沒有破裂，所以主張死因並非神經性休克，而是壓力性心肌病變。

「我知道了，我接受你們的委託。」

我如此回覆三位訪客，他們的心情就像搭上救生船，三個人的臉上都露出了放心的微笑。

「那麼就拜託您了。」

隨後，我更加仔細地研究屍體的解剖資料，完成了以下這份鑑定報告。

「在第二次的鑑定結果中，提到死者如果是因為腹部遭受外力作用導致神經性休克而死，在該部位附近應該會產生皮膚、皮下組織出血，或是內臟的挫裂傷等較嚴重的損傷，但是由於並沒有發現類似的現象，所以判定死因不是神經性休克。

不過，實際上並非必定如此。我認為，本案在沒有留下外傷的狀況下，導致神經性休克的可能性相當高。」

為什麼呢？

關鍵在於，死者被踢的部位乃是腹部。

「由於腹部附近沒有保護內臟的骨骼，只有皮膚和肌肉的關係，因此相當柔軟。再加上腹部裡都是胃、小腸及大腸這種較富彈性的臟器，十分能吸收外力。

因此就算沒有看到痕跡，也無法否定外力作用與死因之間的關聯性。這種狀況不僅在腹部外傷等災害事故的解剖案例中經常出現，在拳擊比賽中，也有很強壯的拳擊手被重擊腹部後，在沒有明顯外傷的狀況下倒地，這也是類似的例子。」

我先以這樣的例子來說明，接著才提及「血尿的存在」這件事。

「被害者穿的白色內褲上，在背部右方有一個拳頭大小的赤褐色汙漬，這不只是血跡，而是混入了某種液體，血液變得稀薄後，才附著在內褲上。這種狀況是如何造成的呢？根據驗屍報告，死者身體周圍沒有外傷的痕跡，也沒有糞便汙染，比較合理的判斷為汙漬是因為膀胱黏膜出血所造成的血尿。」

那麼，到底在什麼狀況下會產生血尿？

以下是我的鑑定內容。

「死者的膀胱中沒有尿液，以及右下腹部有蘋果般大的腹膜外出血，這兩個狀況可以判斷膀胱是受到外力後，產生黏膜出血，然後與膀胱內儲存的尿液混合成為血尿，並且由於引發神經性休克，造成腦機能麻痺，使膀胱括約肌鬆弛，因此產生血尿失禁的狀況。」

無論是第一鑑定人或第二鑑定人，似乎都因為證物扣押的關係，並不知道血尿的存在，所以才會產生相互矛盾的鑑定結果。

是故，關於被害者的死因，我做出了以下結論。

「本案是打架中途發生的猝死案件，不能低估擊中死者腹部的外力作用，該外力波及了體內臟器（膀胱），力量強大的程度甚至讓死者產生血尿。即使死者本身有較容易發生壓力性心肌病變的不良條件，仍然可以判定死因為外力作用於腹部造成的神經性休克死亡。」

「上野醫生，家父從來沒有像當時那麼開心過。他回到家之後，甚至不斷反覆說著：『哎呀，真是太好了。』」律師的女兒看似懷念地說著。

「這樣啊，光是聽你這麼說，我就非常開心了。」

我把最後一張幻燈片放進包包裡，收拾終了。不久，講座的工作人員便過來問候。

「醫生，今天辛苦您了。」

「啊，不會。」

我和工作人員談話的時候，律師的女兒仍站在旁邊看著我們。

因為我的鑑定報告，本案在民事訴訟獲得勝訴。

那位律師與被害者的雙親帶著我的鑑定報告，一起開了記者會。

幾個月前，三個人來到我的家中，不安地提供證物並殷切地訴說案情。此時，三人都露出了與先前截然不同的笑容。

真的是太好了。雖然孩子永遠不會回家了，但是他們推翻一開始對兒子不利的判決結果，查明了真相。

忽然之間，我和台上的律師剛好對上了眼。

「醫生，您專程來了啊，非常感謝您。」

「托醫生的福，我們才能取得勝訴。」

律師的眼神彷彿如此訴說著。

我也用眼神回覆他：「太好了呢。勝訴的原因並不在我，而是律師先生的熱情。因為您的熱情，揭開了事情的真相。」

然後，是一片令人睜不開眼的閃光和快門聲。

「醫生，那麼我也該離開了。」

就在我和講座工作人員談話時，律師的女兒輕聲說道。

「啊，好的。保重身體。」

閒聊中，她的背影愈來愈小。

這次的講座是為了護理師而舉辦。或許她為了從事相關工作，正以取得護理師的證照為目標吧。

希望她能努力成為一位傑出的護理師。

我心想，她是因為看著助人為樂的父親，因此對法醫學產生興趣，才下定決心走上護理師的道路也說不定。

雖然不知道事實是否如此，不過，我相信父親為了他人拚盡全力的身影，將永遠留在她的心中。

CASE 3

是誰在說謊？

身為證人，我正站在法庭上。

「確定是病死沒錯嗎？」

面對律師的再次確認，我充滿自信地回答。

「是的，我在意見書裡也詳細說明了，死因是病死。」

律師向我深深頷首，把視線轉往審判長。

「庭上，以上是我對證人上野正彥的訊問。」

我向審判長深深一鞠躬之後，再次回到旁聽席。

幾乎沒有遺漏地完成訊問，我放下心來。

出庭作證最辛苦的一點，就是如何簡單清楚地說明，讓非專家的人也能理解我說的內容。

法官因為具備法律專業，擅長邏輯性的思考；說到醫學相關的知識，當然也比普通人懂得更多，但他們畢竟不是專家。所以我一直強烈地要求自己，絕對不能因為說明不完整而造成誤解。

「接下來進行原告方的證人訊問。證人請上前來。」

應審判長的要求，同樣坐在旁聽席的一位法醫學大學教授走上前去。教授和我一樣，宣誓在法庭上的證言絕無虛假。

接下來，這次是由原告律師走到他面前開始訊問。

這位教授是原告傳喚的證人，當然和被告傳喚的證人，也就是我的主張完全不同。

我坐在旁聽席上，聽著雙方一來一往的問答。其中有幾個問題，採納了我的鑑定結果。

「針對辯方證人上野氏的證言，你的想法為何？」

就像這樣，原告律師詢問、大學教授回答，以此順序進行。

大約經過了十分鐘，我驚訝地抬起頭，向應訊台投射銳利的視線。

「不對，你在說什麼啊？」

我沒料到竟然會有這樣的事發生，不由得發出聲音。

身為一個醫生，這是脫離常識的謊言、虛言。

這名教授為了自我辯護，恐怕會貫徹那個錯誤的回答。

雖然他的回答非常糟糕，我卻沒有辦法在那個場合說「事情並非如此」。

我沒辦法立刻訂正他的發言，因為在法庭上，我的發言時間已經結束了。

法庭上，雙方爭論的案件是一起交通事故。

一名男子駕駛普通小轎車，以時速四十公里的速度衝撞民宅外牆。因為安全氣囊彈出，保住一命的男子立刻被送到醫院急救。

但是，駕駛陷入了昏迷，狀況難以預斷。雖然醫院盡力搶救，兩個小時之後仍不治死亡。

男子被判定為非自然死亡，後續進行驗屍、解剖等相關程序，並判斷死因如下：

直接死因為「心臟破裂」。

肇因是「胸部撞擊」。

至於引發事故的原因則是「主動脈剝離」。

簡單來說，就是「男子在開車的當下，因為主動脈剝離陷入昏迷，所以撞上民宅外牆，胸口遭受撞擊導致心臟破裂死亡。也就是說，這是一起意外事故死亡案件。」

作為該案鑑定人的大學教授補充如下：

「的確有可能因為撞擊造成主動脈剝離，但那只是一個契機。主動脈剝離並非會造成死亡的疾病，不如說因為事故導致胸部被重擊而心臟破裂才是死因。判斷為交通事故死亡，並無可議之處。」

主動脈是從心臟伸出的粗大管子，血管壁則為三層構造。主動脈血管壁的內層剝落，即為主動脈剝離。血管壁剝落處會產生龜裂，造成血管壁之間出血的情形。即使血管在這個階段還沒有破裂，但是患者會覺得背部像被燒灼的火箸燙到一樣，感到劇烈疼痛，因而失去意識。

本案中的男子就是在駕駛過程中發病。

他失去了意識，行駛中的車輛便衝撞民宅外牆。男子被送醫急救，狀況仍然沒有好轉，兩個小時之後不治身亡。以上就是本次事件的過程。

「到底是因為疾病而造成事故，還是因事故才引起損傷？是因為疾病讓男子失去意識、導致事故，還是因為事故產生的外力，造成心臟破裂？是否能協助區分死因？」

某天，保險公司便委託我，針對上述事項再次鑑定。

我熟讀了大學教授解剖後提出的驗屍報告，並進行再鑑定。

首先，最大的爭議是關於死因，也就是為什麼會造成心臟破裂（右心房破裂）這一點。

進行解剖的大學教授主張，心臟破裂源自交通事故發生時的胸部撞擊，很明顯地，這個說法相當不對勁。

如果是外傷導致心臟破裂，病患會立即死亡，不可能在送醫急救之後，還存活兩個小時之久。

而且若是心臟破裂造成猝死，出血量最多應該只有五百毫升左右，但是死者在送醫急救的過程中，左胸腔內出血達二公升，解剖時左胸腔內也產生了一公升左右的血性液體[4]。這是因為在交通事故之後男子還有心跳的關係，血管外出血就是鐵證，從這一點可以看出他並非猝死。如果是猝死而心跳停止，根本不可能產生那麼大的出血量。

說起來，雖然鑑定人判定死者以時速四十公里的速度行駛，於駕駛途中發生主動脈剝離的狀況，失去意識並衝撞圍牆，胸部因此遭到撞擊，但是我們知道安全氣囊在當時是正常彈出。只是這種程度的外力，有可能如鑑定人所主張的，會造成右心房破裂嗎？

那麼，為什麼會發生心臟破裂？

被害者因心臟疾病而裝有心律調節器，不能排除死亡後取下心律調節器造成

4 血性液體就是混有血的液體。

心臟損傷的可能性。但是，也有人認為如果只是把黏附於內膜的機器導線取下，不太可能引起心臟破裂。關於這一點，需要再次評估心臟破裂的程度才能判斷。

還有一種可能性是心臟按摩。這次的狀況，在急救上必須施行體外心臟按摩；步驟為雙手掌面重疊，置於患者前胸中央偏下方的位置，反覆強力地按壓該部位。在這種情況下，有可能發生肋骨骨折或心臟破裂等。

但是，這終究是為了挽救生命的急救措施。目前普遍認為，若發生患者因體外心臟按摩而死的狀況，也是無法避免的。

也就是說，如果患者死亡的原因是心臟破裂，肇因究竟是交通事故或體外心臟按摩？還是說心臟破裂只是死後取下心律調節器所造成？必須針對這些疑問進行評估。

我看了男子入院時的病歷，根據電腦斷層掃描檢查的結果，可以確定雖然主動脈剝離，但主動脈與心臟都沒有破裂的現象。

因此，綜合心臟破裂的程度、時期，以及病歷和驗屍報告等情報，我判斷心臟的損傷很有可能是急救時施行的體外心臟按摩所造成。首先，由於主動脈剝離，男子失去意識，造成事故發生。送醫之後大概進行了近兩個小時的急救措施，在情況不樂觀的狀況下，施行了體外心臟按摩。但是男子仍不治身亡，主治醫生隨後除去了裝置於他體內的心律調節器；這是為了預防屍體在殯儀館火化時，機具破裂引發事故。

無論如何，如果交通事故後就發生心臟破裂的狀況，這名男子不可能存活近兩個小時。因此，可以判斷心臟破裂是在事故之後的過程中發生。

我寫下這些意見，並提出鑑定報告。

針對心臟破裂的時間點，本案演變為雙方的論戰。

我與大學教授雙雙出庭，我身為辯方證人，大學教授則為控方證人。

以控方證人的身分站上證人席的大學教授，在證人訊問時，說出相當糟糕的錯誤言論，我卻無法對他說「事情並非如此」，因為在法庭上，我的發言時間已經結束了。在本章開頭，我曾如此描述。

到底大學教授說了什麼？

在此之前，我想先回顧一下，早先進行的辯方證人訊問內容。

如往常一般，我宣讀「在法庭上的證言絕無虛假」的誓言之後，證人訊問於焉展開。

一開始，律師先詢問與我的職業相關的問題。

像是監察醫務院的法醫是什麼、至今有過多少驗屍與解剖的經驗，或是法醫學者與法醫的工作內容有什麼差別等，諸如此類的問題。

面對這些問題，我像往常一樣，回覆自己任職於東京都監察醫務院，曾經負責一萬五千具屍體的驗屍工作、五千具屍體的解剖工作，並說明法醫的工作主要會到案發現場進行整體的驗屍、解剖及鑑定工作。

結束一般的問題後，律師緩緩地切入主題。

——首先，從結論開始詢問。

「好的。」

——本案的訴訟過程中，雙方不斷爭論直接的死因究竟是「心臟破裂」還是「主動脈剝離」，請問你認為直接的死因是什麼？

「我認為是主動脈剝離造成左胸腔內出血所導致的病死。」

或許是因為戰術不同吧，因為多次站在證人席接受訊問的關係，我知道每位律師詢問的內容會有所差異。

詢問的方法百百種，例如看似提出與事件無直接相關的問題，其實是為了觸及事件核心所埋的伏筆，或者一開始就直截了當地詢問結論，明確地站在對手的對立面，以各種論點壓迫對方等。除了因為律師的風格不同，也會牽涉到事件本身的特性。顯然這次的訊問是採取後者的模式。

——在「死亡原因」欄位下方的「解剖主要發現」欄位裡，寫著「主動脈剝離。在主動脈瓣上方約一．四公分的位置，有一個水平方向長約二．七公分的內膜裂孔，造成該部位的中膜剝離，刺穿左冠狀動脈起始部位～左前降支動脈周邊至升主動脈外膜下方的部位。」

這顯示患者有主動脈剝離的情況，是嗎？

「是的，沒有錯。」

律師詢問了幾個與疾病相關的專業問題之後，緊接著問道。

——原告主張「直接死因為心臟破裂（右心房破裂）」，該狀況肇因於交通事故時的胸部撞擊」，關於因胸部撞擊造成心臟破裂這一點，你有什麼想法？

在這個部分，律師也是先從結論開始問起。

「即使胸部在交通事故時遭到撞擊，也無法認定為心臟破裂的原因。」

律師讓我明確否定這一點。也就是說，他在原告和被告之間拉出了一條對立軸，開始進入被告這一方的論點。

——那麼，請告知您的理由。解剖報告上記載著「根據胸腔電腦斷層掃描的結果，確實有主動脈剝離的情況。沒有太大的外傷，從照片上也看不出有其他臟器損傷。」假如在檢查時已經發生心臟破裂，會留下這樣的紀錄嗎？

「不，不會這樣。如果心臟破裂，電腦斷層掃描應該也能檢查出來，根據病歷紀錄，患者沒有臟器損傷的情況，因此可以得知，在入院的該時間點還沒有發生心臟破裂。」

——關於事故時安全氣囊正常啟動這件事，我們可以從中知道什麼？

「由於安全氣囊彈出，吸收了大範圍的外力，我想能緩和撞擊力道。考慮到這一點，也很難想像該外力能致使心臟破裂。」

此時，像是要整理至今為止的情報，律師接著詢問。

——在事故時發生主動脈剝離的前提下，針對原告主張因外力導致「右心房」破裂，你有什麼看法？

「在事故當時發生主動脈剝離的狀況下，由於剝離（龜裂）後的主動脈該部位血管破裂，壓力從那裡釋放的關係，因此不會導致心臟破裂。」

——這名男子確診死亡的時間點，是在事故發生後的兩個小時。假設原告主張屬實，即因為胸部撞擊導致心臟破裂，大概多久後會死亡？

「立即死亡。」

各位讀者，你們發現了嗎？

原告的主張是「因交通事故使胸部遭到撞擊，導致心臟破裂死亡」，所以律師針對這一點證明其錯誤之處，並且集中攻擊，從各個角度整理歸納。

在我的證人訊問結束之後，就會輪到大學教授以控方證人的身分，站在證人席上。

法庭上的氣氛，很明顯地朝大學教授的鑑定結果有誤的方向發展。當我站在這裡陳述證言時，對坐在旁聽席的大學教授來說，恐怕就像被逼入了絕境。如果不是這樣的話，我覺得他不可能說出那麼愚蠢的回答。

——假如衝撞時造成右心房破裂，因為心臟破裂所造成的出血量大概會有多少？

「頂多四百至五百毫升左右。若是衝撞時造成右心房破裂，剛剛也提過，因為患者會立即死亡，心跳停止之後，在全身循環的血液就無法回流至心臟。

根據急救人員抵達現場後的報告書，男子當時是仰躺狀態，所以心臟破裂後流出的血液會是原本就在心臟內的血液，大約二百到三百毫升左右，就算加上心臟上方大血管內的血液逆流之後的部分，也只有一開始提到的，大概是四百到五百毫升左右的程度。」

——驗屍報告指出，從男子胸腔內流出合計三公升的大量血液，根據這一點，是否能得知胸部撞擊與右心房破裂的先後關係？

「與剛剛說的一樣，心臟破裂後心跳停止，不可能從心臟和大血管內流出高達三公升的血液，因此，衝撞時右心房仍未破裂，隨後由於心臟持續跳動才導致大量血液由左胸腔內流出，這是最為合理的解釋。」

在這之後，律師持續對我提出以下問題。

——那麼作為參照，解剖時發現男子左右兩邊肋骨的第四到第七肋骨有連續骨折的現象。這個胸口連續骨折的現象，你認為是什麼原因造成的？

「左右兩邊肋骨的連續骨折，乃是施行體外心臟按摩的特徵，特別容易發生在高齡患者的身上。因此，考量到年齡，可以研判男子肋骨骨折是心臟按摩造成的。」

——為什麼不是因為交通事故造成肋骨的連續骨折，然後刺入胸口導致心臟破裂？

「事故發生後，男子送醫時有拍攝X光照片，但是並未留下發現骨折的相關紀錄。因此，可以得知至少在該時間點肋骨仍未骨折，也就不可能發生肋骨刺入心臟的狀況。」

證人訊問在此之後仍持續進行著。列舉至此，我想各位讀者應該可以掌握法庭內的大致狀況了。

我在意見書「總結」欄位的紀錄如下，提供給大家參考。

「男子在駕駛中因疾病發作，使得主動脈起始部位的內膜剝離，在醫院急救的過程中，升主動脈外膜也發生破裂，引起左胸腔內的出血而導致死亡。

在交通事故中發生的胸部撞擊，由於其力道大致被安全氣囊吸收緩和，難以造成重大的心臟破裂或心包破裂。

據此，研判有極高的可能性，是主動脈剝離造成左胸腔內出血而導致病死。」

「接下來進行原告方的證人訊問。證人請上前來。」在我的證人訊問結束之後，審判長說道。

應審判長的指示，最初進行鑑定的大學教授，以控方證人的身分站上了應訊台。

與我相同，大學教授宣誓在法庭上的證言絕無虛假。然後，他與審判長事務性地稍做交流之後，原告律師走到大學教授面前。

針對證人的經歷進行必要的問答之後，開始進入正題。如本章開頭所述，過了一會兒之後，我便憤而脫口說出「你竟然說出這麼荒謬的話」。以下就從律師的這個問題開始。

——那麼我要提問了。剛才上野證人提到，在心臟破裂的狀況下會立即死亡，針對此一證言你有什麼看法？

「好的。雖然說是心臟破裂，但發生在右心房，因為負壓的關係，這裡是血液回到心臟的場所。由於不是血液流出的地方，就算產生心臟破裂的狀況，再存活兩個小時左右，也不是什麼奇怪的事。」

聽到這裡，我相當驚訝，嚇到嘴巴都合不起來。這是從一個醫生、一個大學教授口中說出來的話嗎？但是在法庭上發言的是大學教授，一般人應該會毫無疑問地接受他的說明。

機會難得，我想簡單地向各位讀者說明一下心臟的機制。

心臟是由右心房、右心室、左心房及左心室這四個房間組成。每個房間被牆壁隔開，各位可以想像它就像一間有四個房間的公寓。

心臟收縮時，左心室會瞬間緊縮，這個壓力使血液從左心室流出，並流通至全身。這就是所謂的動脈血，負責將氧氣和養分輸送到全身上下所有細胞，細胞獲得氧氣和養分之後才能工作。細胞勞動後產生老廢物質，蒐集這些老廢物質的就是靜脈血。心臟舒張時，靜脈血就會回到右心房，回流的血液就這樣再被運送到右心室。

一開始從左心室循環到全身的動脈血是靠心臟收縮進行，因此需要相當程度的力量，而完成工作回到右心房的靜脈血則靠心臟舒張進行，所以並不需要那麼強大的力量。

回到右心室的靜脈血會進入肺部，排出二氧化碳之後，吸附氧氣成為充氧血回到心臟。肺部在這裡扮演的角色，就是利用呼吸排出二氧化碳並補充氧氣，讓靜脈血再次成為充滿氧氣的動脈血。隨後新的動脈血進入左心房，從左心室再次輸送至全身，這就是整個血液循環的過程。

「即使右心房破裂，因為是專門讓老廢物質回流的負壓的部分，所以再存活兩個小時，也不是什麼奇怪的事。」大學教授這般為自己辯護。

因為右心房是讓血液回流的地方，不是主動積極去運作的地方，大學教授想表達的真是這樣嗎？或者只是迫不得已的詭辯？

心臟雖然分成右心房、右心室、左心房及左心室這四個房間，但它們並非獨自完成工作。之所以將這些部位統稱為心臟，就是因為各個部位的運作都依靠彼此的相互作用進行。

也就是說，動脈血從左心室流向全身，這些血液成為靜脈血再流回右心室，這就是心臟。

補充一點，本案中因為右心房破裂的關係，失去回流的血液，因此左心室也無法為身體提供血液。身體沒有血液循環，死亡是必然的。

以棒球來比喻的話，右心房和右心室是捕手，它們的角色就是把名為血液的球接入捕手手套，而負責輸送血液至全身的左心房和左心室就是投手。

如果說投球的是投手，捕手只負責接球，所以沒有捕手也沒關係，這會造成什麼狀況？接球的捕手不把球丟回給投手的話，根本就沒辦法打棒球。

「因為捕手只負責接球，比賽時就算一段時間不在也沒關係喔。」

大學教授的主張，就類似這種感覺。

至少吃醫學這行飯的人聽到時，會知道那是多麼荒謬的錯誤。

就算迫不得已，這種言論不只讓人懷疑發言者是否有醫學常識，更因為是證人訊問的關係，等於是做了偽證。

「因為負壓的關係，心臟破裂之後再存活兩個小時，也不是什麼奇怪的事。」

雖然大學教授的證言如此，但這並非事實。心臟破裂之後，不管正壓還是負壓都無法產生。

如果我是律師，我會在那時候舉手大喊：「庭上！」然後試著解釋從醫學角度來看，這樣的發言是多麼荒謬。但是，我只是一個證人。而所謂的證人，雖然可以在證人台上回答法官和律師的問題，卻無法在下台後提出「不，請等一下」的要求，因為證人訊問已經結束了。

我不甘心地煩惱著，除了坐在旁聽席默默聽著他的抗辯，沒有任何辦法。

「他所說的事情是不可能的！」

我只能在審訊結束後，衝到律師的身邊，告訴他剛剛大學教授的發言有多麼荒謬。並用盡全力地懇切說明著。

CASE

4

再次鑑定的執念

現在，我正看著一張照片。

大河的取水口處，混雜著泥濘、小樹枝及保麗龍，一個黑色的物體在水中載浮載沉。仔細一看，那似乎是一個俯臥的人體。

頭上附著河裡的泥沙，無法清楚地分辨出那是人的頭髮。肩膀纏繞著像是藻類的植物，或許是因為在河裡漂流了很長一段時間，才被引水口擋在此處的關係。

不熟悉的人看了，或許會誤以為那是人形模特兒而不是屍體。我一邊想著，一邊翻閱下一張照片。

在這張照片中，屍體赤裸地仰臥著。

因為屍體腐爛產生的氣體，造成全身膨脹，形似巨人。

我看了鑑定報告上的日期，負責鑑定的大學教授解剖這具屍體時，已經是五年多前了。

由於是司法解剖，所以詳細地記載了解剖結果。

首先是屍體，報告中載明了頭、臉、脖子、腹部、背部、右腳、左腳，以及觀察外觀的結果。

「〈背部〉一般來說是偏髒色調的暗綠色乃至淡綠色。腐敗的狀況在死後變化劇烈，皮膚氣腫而膨脹，表皮幾乎是剝離狀態。」

接下來是臟器。這部分記載了腦、肺、心臟、肝臟、腎臟、胃、小腸、大腸，以及主動脈等器官的狀況。

「〈肺〉左邊重量四一〇公克、右邊重量三八〇公克。表面：暗紅色，臟層胸膜約一個拇指指腹下方，觀察到少數斑狀出血。剖面：血量稍多。水腫：輕度。含氧量：少。幾乎完全沒有細小泡沫。病變：無。」

雖然並非由我操刀解剖，鑑定報告也不是我寫的，不過屍體鑑定大致上就像這樣，會先從屍體外觀開始檢查，檢查完畢後，再逐步確認屍體內部所有臟器的狀況。

在這個過程中，有可能會從胃中檢驗出毒物，或者發現腦出血等，從中得知死者到底是因何而亡。

那麼，這具發現於河中、身分不明的男性泡水屍體，我們能夠透過解剖結果得知什麼？

根據鑑定報告，由於屍體腐敗狀況嚴重，研判無法承受較詳細的病理學檢查，關於死因的描述如下。

「屍體無骨折及嚴重傷及臟器的外傷，也沒有腦出血、心肌梗塞、主動脈瘤破裂、肺結核、肝硬化或癌症等病變。」

也就是說，該陳述指出死者沒有因為他殺或疾病而死的可能性。

接下來的內容是「這具屍體為所謂的泡水屍體，因此考量溺死的可能性是必然的，從屍體的狀況來看，並找不到能夠排除溺死的根據。」

只是，在此暫時做出判斷之後，接著卻記載下述內容。

「因為屍體變化劇烈與腐敗的關係，使得判斷曖昧而不明確，亦難以將屍體判斷為溺死。雖然至少能得知沒有重大外傷及致死的疾病症狀，但是無法肯定或否定除此之外的死因，包含溺死的可能性。」

報告中的判斷從頭到尾都很不明確，內容簡述如下。

「因為沒有明顯外傷，所以不是他殺，也不是腦梗塞或心肌梗塞而死。由於這是一具泡水屍體，通常會考慮溺死的可能性，但是也很難判定就是溺死。加上屍體死後經過相當長的一段時間，腐敗狀況十分嚴重，沒辦法簡單地斷定是溺死。」

通常屍體被發現之後沒多久，就會委託進行屍體鑑定的工作。如果隨便斷定屍體的狀況，事後卻發現真相並非如此，鑑定人的評價就會下滑。為了避免這種情形，許多鑑定報告都盡量模糊書寫，讓人看了摸不著頭緒。但是，鑑定人身為具有學識與經驗的專家，只要接受委託，就有依循自身的信念、明確敘述結論的義務。

為了不留下「你是這麼說的」之證據，這份報告書也是採取保險的寫法。但是鑑定人在口頭上，恐怕是這麼回答：「判定為溺死也沒問題喔。」於是，警方接受鑑定結果，並將案件視為「溺死」來處理。

在那之後，警方查明了死者身分，並在他的住家發現疑似遺書的文字，綜合以上證據，判定死者為投河自盡。

「醫生，有一起五年前以跳河自殺來處理的案件，能否麻煩您再次鑑定？」

警方打了通電話給我，於是我們約定見面詳談。

「醫生，請坐。」

「不好意思。」

刑警在沙發上就座，誠惶誠恐地委託我進行再鑑定。

「大學的法醫學研究室已經完成嚴謹的司法解剖，並視為自殺事件來處理了，不是嗎？」

「是的，的確如此。無論如何，這是一起引發世人騷動的事件，為了慎重起見，希望醫生能助我們一臂之力。」

對於展開說明的刑警，我不假思索地問：「咦，你剛剛說的是〇〇事件？」

「是的，沒錯。」

「那真是意想不到……」

要負責全國關注的事件，的確很有努力的價值，但是強烈的壓力也會伴隨而來。眼前的刑警緊張地看著我，從他臉上，我看到苦惱的神色。

「我知道了。總之，先鑑定看看吧。鑑定結束後，我再連絡您。」

「醫生，萬分拜託了。」

刑警再次深深鞠躬之後才離去。

這起事件已經有過一次經法醫學專家解剖判斷的事例，我的鑑定必須重新審視該結果，這並不是一件容易的事。即使刑警已經離開，家裡只有我一個人，沉重的氣氛仍然持續了一段時間。

「那麼……」

我看著那張泡水屍體卡在河川取水口的照片，然後抬起了頭。

「至少可以肯定這起案件，並不是一開始鑑定結果所說的溺死。」

我一邊自言自語，一邊啜著茶。

這具泡水屍體並不是溺水身亡。只要看過攤開在桌上的屍體照片，並詳讀最初的鑑定報告，就會明白了。

怎麼說呢？在解釋理由之前，我想先說明溺死的成因。

所謂溺死，指的是液體進入呼吸道，引發窒息死亡。

不小心溺水、喝到水後，雖然水也會進入消化器官，但是首先會大量地灌入肺中。肺裡原先是含有空氣的狀態，此時空氣就會被水擠出並取而代之。

一般的狀態下，肺部會充滿空氣，在水中就像一個有浮力的袋子，負責讓身體浮在水面上，如果失去了浮力，身體就會沉入水中。

因此，我們可以清楚地分辨出，溺死屍體和非溺死屍體兩者的肺有何不同。這裡重述之前在大學進行的鑑定結果。

「〈肺〉左邊重量四一〇公克、右邊重量三八〇公克。表面：暗紅色，臟層胸膜約一個拇指指腹下方，觀察到少數斑狀出血。剖面：血量稍多。水腫：輕度。含氧量：少。幾乎完全沒有細小泡沫。病變：無。」

這到底意味著什麼？

一般成年男性的肺部重量，左肺大約是五百公克，右肺則為六百公克左右。但是，溺死屍體的肺部由於吸收了大量的水，會像含水的海綿一樣，成為溺死肺（水性肺水腫）的狀態。

溺死肺會變得相當重，重量高達八百至一千二百公克左右。

這具屍體由於腐敗狀況嚴重，肺裡的血液、水分及胸水已經從胸腔內漏出，的確會比一般狀況下的肺部再輕一些，但是根據紀錄，這次漏出的胸水量，左右肺各自流出的量都不超過一百五十公克。

把流出的胸水量加上屍體的肺重量，左肺為五六〇公克，右肺則為五三〇公克，與一般成人的肺重量差不多。

因此，無法說這是大量吸收水分的肺。再加上水腫的程度輕微，含氧量少。從這些屍體狀況來看，也無法判斷為溺死。

還有一點，溺死的屍體會產生顳骨岩部內出血，我針對這一點查找鑑定報告，並沒有找到相關的記載。

顳骨岩部內出血是什麼呢？

在水中呼吸時，水會被吸入鼻子與耳朵之間的耳咽管裡，形成水閥。耳咽管就是鼻子深處連接至鼓膜內側的一條細小通道，它能讓鼓膜維持正常運作。

以圖像式的方式來說明，順序為耳殼、外耳道，再深入一些是鼓膜，最後是耳咽管。鼓膜是分隔外耳和中耳的薄膜，鼓膜沒有破裂，水也無法進入中耳及內耳。

搭電梯急速上升，或是飛機起飛的時候，耳朵都會發生異狀。這時，只要吞口水，異狀感就會消失了，相信這是大家都有過的經驗。原因就是內凹的鼓膜進入耳咽管，把空氣往外擠出的關係，也就是耳壓失衡。

潛水的時候也一樣，鼓膜會因為水壓而往內凹陷。於是潛水者會感到耳朵疼痛，此時可以捏著鼻子、閉上嘴巴發出「嗯、嗯」的聲音，讓空氣進入耳咽管，即能使凹陷的鼓膜回到原位，平衡耳裡的壓力。

耳咽管暢通後空氣重新進入，鼓膜也回復正常，就能繼續往下潛二、三十公尺。然後鼓膜又凹陷，必須再次平衡壓力，才能繼續潛下更深的海裡。

溺水時，進入鼻腔的水會同時進入耳咽管，在正常狀況下並不會如此。由於耳咽管很細，便在此處形成一個水閥。

接著，下一次呼吸的時候，水閥會產生活塞運動，向耳朵深處施加負壓和正壓。當它向耳內施加強烈的負壓時，圍繞著中耳和內耳的骨骼內膜會因此剝離，引起出血。

這就是顳骨岩部內出血。顳骨岩部內出血是非常稀有的症狀，只有在身體下沉的狀態中，同時進行呼吸才有可能造成。

如果是在淺灘不小心吸到水，因而感到痛苦，這時只要站起來就好了。假設泳技高超的大人，在淺灘發生死亡事故，醫生打算在診斷書上寫「溺死」時，就會被告誡死者可是游泳高手，而且還會被吐槽說，在淺灘中覺得痛苦，不是只要站起來就好了嘛。

以至於醫生就會先診斷為心臟麻痺，輿論也跟著接受這個結果。

我認為那很奇怪，因此試著在解剖相關屍體時盡量詳細調查。

於是，我發現了耳朵骨頭出血的狀況。我把它稱為顳骨岩部內出血並於學會發表，目前在法醫學教科書上可以讀到，也成為判斷溺死時的重要症狀。

在那之後，一般解剖時要確認屍體是否為溺死，就會特別確認顳骨岩部這塊三角錐體是否有出血。只是，並非所有溺死的屍體都會發生顳骨岩部內出血的狀況；大約有六成的屍體會產生出血，另外四成的屍體則沒有該現象。

無論如何，這具屍體的鑑定報告沒有記載與此相關的症狀。

最後一個理由，是屍體的狀況。

後續經過調查確定了死者的身分，得知這具泡水屍體是由二十八公里外的上游處順流而下。

首先，如果屍體在上游溺斃會發生什麼事？

如前所述，溺死會造成肺部積滿水、失去浮力，身體會沉入水中。因此在最初的十幾公里左右，溺死的屍體就會以擦過水底的姿態向下流。

此時，沉入水底的屍體，就會呈現像短跑選手在起跑線上的姿勢一樣。維持這個姿勢在水底漂流的話，額頭、手背、膝蓋及腳尖會一邊接觸河底的泥沙和岩石等物體，一邊往下流。

在不斷摩擦下，造成皮膚和肌肉的死後損傷，導致骨骼暴露。另外，此時軀體會一直滾來滾去，衣服也會因此被去除。一般情況下，許多屍體是連內褲都被脫下，以全裸的狀態被發現。

在此狀態下持續腐敗，體內的腐敗氣體會使身體浮出水面，成為一具漂流屍體，然後被柵欄擋下。等到被發現時已經成了「土左衛門[5]」，也就是一具膨脹的屍體。

很明顯地，該案並不符合溺水順流而下、達二十八公里的溺死屍體狀況。怎麼說呢？屍體被發現時，衣服還好好地穿在身上，不僅如此，也沒有發現摩擦河底造成的死後損傷痕跡。

怎麼看都不像是一具跳河自殺的屍體。

不如說，認為死者並非自殺的看法，反而與觀察結果較為一致。

---

5 謠傳土左衛門是江戶時代的相撲力士，因為白白胖胖的很像浮屍，後來在日本就成為其代稱。

這是一具遭他人殺害後、被棄置於河川的屍體。因此肺裡充滿空氣，屍體不會沉入河底，從一開始就保持浮在水面上的狀態向下漂流。

屍體沒有和岩石擦撞的痕跡，也沒有因為水流被去除衣物，這兩項都是在水底漂流的特徵。而且，也沒有找到任何與河底接觸的擦傷。

據此，我判定「本案為他殺案件，死者遇害後被棄屍於河川」。同時內心浮現一股「很好，沒有錯」的氣勢。這是一起造成世人騷動的大事件，我們正在逼近真相。

另一方面，我也不是完全沒有感到不安。如果我的鑑定出錯，除了警方首當其衝，也會造成許多相關人士的困擾，讓社會陷入不安的氛圍。

但無論如何，我都想提供真相。因為這個執念，我不斷從各個角度檢視自己的判斷是否有誤，然後才提出鑑定結果。

「每位記者我都付三千日元。」

在電視台的攝影機前，男子大言不慚地回應採訪。

「大概下禮拜週中，就會知道我是清白的吧。」

連續好幾天，電視台不斷輪播該男子的採訪畫面。

自費記者會在日本乃是前所未有，對於事件的進展，全日本都屏息以待。

「是〇〇事件嗎？」

「沒錯，就是〇〇事件。」

我想起刑警回答時的表情，他同時還大大地嘆了一口氣。

男子在記者會中盛氣凌人，不斷挑釁警方，因此警方也在相當大的壓力下進行搜查。

據說這名男子是某個案件的主嫌犯，在半年前遭到逮捕。根據三名女性共犯的證詞，警方懷疑這具男性泡水屍體，可能也與該事件有關。

一開始，本案被當成自殺引起的溺水事件來處理，就算想詢問死者：「你是被殺的，不是嗎？」他卻連自白都辦不到了。由於警方仍然覺得可疑，便委託我再次鑑定屍體是否為溺死。

結果，我提出了屍體並非溺死的鑑定報告。

這個結果把調查導往了非自殺的方向。根據此一鑑定結果，警方再次嚴厲審問三名女性共犯，希望迫使她們坦白。

不到一個月的時間，警方取得了其中一位女性的新供述。

這名女性被稱為主嫌男子的右腕，堪稱得力助手，她供稱是自己讓死者吃下混入烏頭[6]的饅頭。

---

6 烏頭屬植物是被廣泛使用的中藥，其毒性主要來自烏頭鹼。

被害男子過去是主嫌的下屬，十分嗜酒。他們每天都勸男子喝酒，隨後又稱必須補充營養補給品，讓他喝下大量的感冒藥。

只是，雖然感冒藥讓男子變得虛弱，卻絲毫沒有致死的跡象。由於主嫌已經為該男子支付半年以上的保險費，繼續支付將會不堪負荷，於是他對三名共犯下令：「今天幹掉他。」

一名女性在饅頭內塞入烏頭，讓被害男子吃下，主嫌只是發出命令，本人當時不在現場。

這三名女子若能討男子歡心，就能得到疼愛，相反地，如果違抗命令便會遭受訓斥，並且被冷落。

主嫌男子就是以糖果與鞭子的法則來支配三人。

大約三十分鐘後，被害男子不由自主地顫抖並開始痙攣，三名女性通力合作，一個人拿坐墊壓住被害者臉部，另一個人坐在被害者的胸口上、壓制雙手，最後一人則負責壓制他的雙腳。

不久後，男子終於停止痙攣、精疲力盡，於是，三人合力將男子棄屍於附近的利根川。以上是該女子的自白。隨後，警方把被認為是遺書的信件進行筆跡鑑定，發現與供述女子的筆跡吻合。

在我提出非溺死的鑑定結果之後，不到一個月，刑警再次來到我家拜訪。

「醫生，上次鑑定真的非常感謝您的幫助。」

「哪裡、哪裡，不客氣。」

「托您的福，我們已經偵破事件的全貌。」

「這樣啊，那真是太好了。今天來有什麼事嗎？」

「是這樣的……」

我洗耳恭聽。

「根據女子的供述，確實讓被害者服下了烏頭，但是供述的內容實在有些曖昧不明的部分……。我們姑且再次鑑定了保存的臟器，完成毒物檢查。希望能拜託醫生，針對被害男子的死因進行再鑑定，到底他是因為毒物而死？還是因為口鼻被坐墊壓迫導致窒息而死？請醫生協助了。」

「刑警先生，您也相當辛苦呢。」

我以慰勞的語氣為他上茶。他帶著微笑，一邊道謝，一邊喝茶，臉上的風霜透露著負責重大事件是如何的辛勞。

「我了解了。請給我一點時間。」

我答應後，刑警像是鬆了一口氣，之後才起身離開。

這名男性被害者的死因究竟為何？我針對警方提出的新疑問，著手進行鑑定。

警方提供的最新資料如下。

「被害者攝取了含有烏頭鹼的烏頭草塊根，分量足以致死。攝取後約十幾分鐘，被害者產生胸悶、喘氣及嘔吐的症狀後，隨即倒下，由於被害者不受控制並開始產生痙攣，共犯的女性們就拿坐墊蓋住死者頭部，並且壓制其肢體。」

可能是因為強直性痙攣發作的關係，被害者的身體產生劇烈抵抗，一度難以壓制，但是過不了多久就安靜下來。此時，死者顏面呈現瘀血浮腫，脣部發紺腫脹，唾液橫流。

我基於上述事實進行推敲：「由於死者攝取了足以致死的烏頭，胃部應該會像焚燒般劇痛，痛苦、翻滾，再加上強直性痙攣發作，在這種狀態下，即使蓋上坐墊、壓制身體，並試圖掩蓋他的口鼻，也會因為死者身體正值暴走及劇烈痙攣而遭到抵抗。因此我認為，實際上不可能維持壓制的動作直到窒息，攝取了足以致死的烏頭才是心跳停止的主因。」

這是我的回答，也在法庭中被採用為判決的資料。

適量的藥能治療疾病，但如果覺得有效就大量攝取的話，後果可能是心臟停止、呼吸也跟著停止。明明知道這一點，主嫌男子還在自費記者會上，信誓旦旦地說他讓被害者喝下的是大量感冒藥，而不是毒藥。

無論如何，這只是第一起事件，嫌犯及共犯的三位女性甚至犯下了第二、第三起事件。

第一起事件中，男子吃了含有烏頭的饅頭後被殺害，隨後棄屍河川。從發現浮屍到我鑑定屍體之間的事件經過，正如前面所敘述的那樣。

一開始，由於是以自殺案件來處理，與男子假結婚的共犯女性，詐領了三億日元的保險金。後來保險公司提起民事訴訟要求歸還保險金，判決結果為保險公司勝訴。

第二起事件發生於四年後，共犯女性與一名四十歲左右的男性假結婚，為了殺害男子，她長期在大量的感冒藥和酒中摻入乙醯胺酚[7]，再讓男子喝下。該男子被投保一億七千萬日元的保險，受益人就是假結婚的對象。

第三起事件與第二起事件一樣，也是用同樣的方式讓中年男子成為病弱之軀。這名男子也被投保九億日元的保險，受益人是酒店小姐，也就是與男子假結婚的共犯女性。該事件在被害者主動向媒體告發後，世人才得知。

之所以延遲逮捕，是因為在第二、第三起事件的被害者身上，沒有檢驗出毒物反應，所以缺少能夠逮捕四人的決定性證據。

然而，警察持續進行秘密偵查，發現兩名被害者男子確實攝取了大量的感冒藥和酒精，並且引起中毒症狀，因此得以立案。

---

7 乙醯胺酚是廣泛使用的止痛藥成分，例如普拿疼、斯斯解痛錠等。

無論如何，主嫌男子因涉嫌指示三名女性共犯犯下殺人案而遭到起訴。三名女性分別被懲處十二年、十五年的有期徒刑，其中一位被處無期徒刑，主嫌男子則被處以死刑。

根據判決書記載，主嫌男子從事金融業及餐飲店，三名共犯是男子店裡的小姐，同時都與主嫌有感情牽扯，主嫌男子讓客人賒帳並視為小姐的欠款，除了以金錢支配三位女性，還巧妙地運用其三寸不爛之舌，誘哄三人犯案。

當然，如果在事件被揭發的五年前，負責司法解剖的大學在鑑定時，能夠正確判斷那具浮屍非溺死而是遭殺害棄屍，也不會出現第二、第三位犧牲者。這次事件可說是再次顯示了法醫學鑑定的重要性。

一切都結束了。

在澄澈的秋空下，我深深地吸了一口氣。

每次想起這起事件，我總會浮現那位刑警帶著緊張又疲憊的表情，委託我進行再鑑定的場景。

後來，我聽說逮捕並起訴了嫌犯的檢察官，因為這起疑難事件立了大功，獲得相當高的評價。不過，這都是後話了。

CASE

5

疑點重重的平交道

那是在某天中午，我正要去拿外送的炒飯時，接到了一通電話。電話是來自某間保險公司的代理律師，由於對方多次委託我再鑑定，因此並不面生。

當時我沒想到竟然會需要出庭為被告作證，也無法想像會演變為和控方證人的抗辯。

「醫生，您好，久疏問候。」

「不會，我也是一樣。」

「有一件新案子希望能與醫生商議。」

「好的，是什麼案子呢？」

這位律師為人誠實又客氣，因此我也能放心地與他交談。律師透過電話開始說明此次希望委託的事件原委。

他那簡單明瞭又有說服力的談話風格，或許是出於工作上所需，即使如此，聽著他的說明，還是忍不住佩服他一貫絕佳的表達技巧。

律師說明的事件概略如下。

一位男子不顧正在作響的警鈴，試圖快步穿越平交道時被鐵軌絆倒，就在他直挺挺地向前跌倒並失去意識後，遭電車輾過。

雖然男子幸運地保住了一命，卻造成雙腳被截斷的重傷。

由於他曾加保一億日元的傷害險，所以向保險公司申請賠償。

但是，保險公司試著調查狀況後，懷疑是男子故意造成事故，因此回覆結果為不理賠。

男子對此相當不服，他控告保險公司要求理賠，目前已經演變成一起糾紛。而且除此之外，這名男子也在其他數家人壽保險公司和財產保險公司加保，據聞總計加保金額達數億日元。

接受律師的委託之後，我二度書寫並提出鑑定報告。

提告方的這名男子，後續委託了交通事故專家提出鑑定報告，裡頭反駁了我一開始的鑑定內容。

我接受對方的質疑，重新提出一份意見書。我在裡面一項一項鄭重地說明，交通事故專家的反駁是如何錯誤百出。

在我提出這份意見書之後，男子或許是著急了，此案被擱置了一段時間，接著他委託法醫學的專家——某個大學的教授進行再鑑定。

果然這次的鑑定結果，主要也是敘述上野（我）鑑定的錯誤之處。此時，我採用回應反對論點的形式，提出了一份答覆書。

至此，看似已經分出勝負，但是事情並未結束，終於到了被告的一方，也就是保險公司方的證人出庭應訊這一步。

最後，誰也沒有預想到審判的走向，迎來了令人難以置信的結果。

關於這個事件，過去我曾經在其他書裡簡單提過，但是至今為止，從來沒有詳細敘述過。這次，我想要仔細地說明。

從一開始我接到律師的電話並接下本案，長達五年的時間裡，我被牽扯進這件案子的審判當中。

保險公司為了調查該事件到底是意外，還是偽裝成事故的詐欺事件，找來了專門的調查人員。這些調查人員大多原為警察，不少是因為退休或轉職進入保險公司任職，他們會先向負責人確認事件的經緯，之後到現場周邊蒐集情報並向公司報告。

這些人寶刀未老，會進行相當嚴密的調查，但他們終究不是現任警察，理所當然地並沒有搜查的權力。雖然可以做的事情有限，他們還是會利用過去累積的人脈盡量調查。

由於是個人對抗保險公司這樣的大企業，因此總是會想為個人加油，並且很容易產生「少廢話快付錢」的想法。但是，如果保險公司的主張正確，那就會成為一起重大的詐欺事件。放過這種案件，在社會常理上是不可饒恕的。

例如「和歌山毒咖哩事件」和「本庄市保險金殺人事件」等，這類以保險金為目標的殺人事件，實在難以杜絕。如果保險公司很隨便，經常不加調查就輕易地支付保險金，而且社會上還流傳著這樣的評論，此類型的犯罪就會愈來愈多，因保險金被殺的受害者必然也會增加。為了抑止這種風氣，支付保險金之前，必須進行嚴密的審查。

「醫生，資料到齊了，能請您先過目一次嗎？」

「好的，那麼我瀏覽後再回覆您。」

雖然是重複說明，不過就如同之前說的，我必須完整地看過資料，才能決定是否接受委託。我一直秉持「屍體會說話」的原則，無論委託方是家屬、警察或保險公司，如果死者說的話無法滿足他們的期待時，我就不會接受委託。

就算他人無法理解，我也不希望為了賺錢而不顧仁義、說出違背死者意願的話。我不能做出指鹿為馬的事。只有這一點，我始終謹記在心，也是一直以來接受再鑑定委託的準則。

「謝謝醫生。我會在下週將資料寄給您。」

一個禮拜後，我收到以宅急便寄來的一箱厚重資料。一打開箱子，映入眼簾的是許多現場的照片。看起來，似乎已經開始進入訴訟程序了。

從間接證據來看，本案極端可疑，卻缺乏具有科學根據的證據。對方應該是認為詢問專家的意見比較好，所以才委託我吧。

於是，我馬上著手進行鑑定。

早先，我從律師那邊大致聽說了事件的梗概。

警鈴噹噹噹地響起，男子試圖快步通過平交道時被鐵軌絆倒，據說他的腳趾幾年前曾經凍傷過，所以動作稍微有些不靈活。

跌倒後，男子因為頭部遭到強烈撞擊、失去意識，沒能夠躲開行駛而來的電車，雙腳被截斷。

因此，對方主張這是過失，而非故意造成的事故。

同時也附上了證據照片，是一張拍到額頭上方、前額部位傷口的臉部照片。據說是頭部遭到撞擊、失去意識時所造成的傷痕。

看到這張照片的瞬間，我立刻確定「這不尋常」。

傷痕不在額頭上，而是在前額髮際的部位，有一道垂直方向的斜線傷痕，造成該處產生雞蛋般大的掉髮，這很明顯並不符合事件狀況。

若是如男子主張，他在小跑步時直挺挺地向前跌倒的話，在第一章〈從臉上消失的痕跡〉曾經說明過，通常兩手掌心會先著地，形成防禦手勢。各位可以想像在運動會賽跑時跌倒的孩子，就會明白這種狀況。大抵來說，掌心和膝蓋會磨破受傷。

假設力道太強，沒被保護到的臉部也會有擦破皮的傷口，但是男子只有額頭遭到強烈撞擊，實在難以想像發生這樣的狀況。

況且男子的臉上根本沒有傷痕，假設真如他所言，那麼他與地面接觸時，應該得採用相當不自然的姿勢才對。

普通跌倒時，除非是在頭部極為扭曲、十分不自然的姿勢下遭受撞擊，否則不可能只有前額的髮際線部位受傷。

接下來我把注意力轉移到現場照片。

在趴臥倒地男子的右前方大約二、三公尺處的鐵路旁，拍到了一個配電箱。電車由男子的左方往右方通過，因此是行駛在行進方向[8]這一側。按照我的推測，髮際線的傷口恐怕是男子被電車撞飛時，剛好倒在配電箱上造成的。

也就是說，傷口的成因並非跌在路面上所造成，而是被列車彈飛，剛好撞到配電箱的角落。這麼一來，也與前額上那個垂直方向的斜線傷痕吻合。

---

[8] 日本的行駛方向為左側通行。

根據以上幾點，我判斷男子的主張有不合理之處，於是接受了這項委託。

保險公司的委託內容是希望鑑定男子前額受的傷，到底是往前撲倒時產生的，還是被電車彈飛後才產生。

同時，保險公司也想知道，如果那個傷口是跌倒時造成的，是否有可能導致失去意識。然後針對目前法庭上的爭論點，釐清男子趴臥在軌道內時，究竟是否還有意識。

簡單地說，這名男子的主張如下。

「我經過平交道的時候，由於太著急，腳上又有以前的凍傷，因此整個人往前跌倒，撞到頭而失去意識。很不走運地，電車剛好通過，導致我的兩腳被截斷。失去意識的證據？你看，我額頭上有個傷口沒錯吧，這就是證據。」

另一方面，以下是被告的保險公司之主張。

「不、不，你跌倒的時候應該沒有產生意識障礙的狀況。明明可以逃開卻沒有那麼做，故意為之的可能性相當高。」

我根據這一點，提出如下的鑑定結果。

「跑步跌倒並撞擊到具毛髮的前額部位，像本案這種狀況極端稀少。而且目前為止，沒有聽說因為向前摔倒而發生意識障礙的案例。真正會導致意識障礙的情況，如果沒有相當大的加速度使人激烈摔倒，並同時撞擊顏面及前額的話，是不太可能發生的。另外，如果以那種程度的加速度跌倒，身體將會跌出軌道之外，也不會像本案一樣導致雙腿受傷。」

另外，我也從其他角度切入，評估男子前額的傷口是否可能導致腦震盪，或者失神等意識障礙。

幸運的是，男子在事故後立即被送到附近的醫院，接受頭部X光及電腦斷層掃描的檢查，並留下了照片。

一般來說，意識障礙的主要原因是腦震盪，有可能引發失去意識、嘔吐及心跳變慢這三個症狀。該男子的狀況，沒有任何因外傷引起的血腫和損傷，也沒有顱骨骨折的現象，同時並未發現嘔吐的症狀。當時也檢查了脈搏，結果是心跳加快，並不符合心跳變慢的症狀。如果是足以引起意識障礙的頭部外傷，雖然會導致腦腫脹，但是整體來說，腦部會有萎縮的傾向。

假設如男子之主張，產生了意識障礙的狀況，在兩腿被截斷時有可能導致休克，不過，由於這是事故後的事情了，與這次的論點較為無關。

額外提供參考，若不是往前摔倒、而是以仰臥的姿勢摔倒，由於無法採取防衛姿勢，等於是在毫無防備的狀態下撞擊後腦勺，可能傷及頭蓋骨內側，發生意識障礙的狀況也不稀奇。但是根據檢查結果，男子的後腦勺並未發現任何損傷。

此外，還有一件奇怪的事情。

如果前額的傷口是往前摔倒時所造成，身體的垂直縱軸應該從上到下都有擦傷才對，但是在男子身上形成的傷痕，卻是左右傾斜的。

直白地解讀該狀況，比較一般的看法會是：人在被電車輾過的時候，往電車行進方向的右前方彈飛。

我判定男子前額的傷口並非往前摔倒時造成，而是被電車撞到後，身體飛往電車行進方向的右前方，導致前額撞擊到垂直設立於路面的配電箱角落。

律師拿著我的鑑定結果打了一陣子的官司，數個月後，那位兩腳被截斷的男子，他的辯護律師提出了交通事故專家的鑑定報告。

內容就像本章一開始提過的，直接否定了我的鑑定結果。

在對方的鑑定報告中，針對男子前額的傷口是在被電車撞飛時，撞上電車行進方向右前方的配電箱角落所造成這一點，提出了反對意見。其根據為在腳部被電車輾過的狀況下，如果沒有被車體捲入，身體的重心會往中心點移動，因此，男子的上半身應該是往電車行進方向的反方向移動，而雙腿則是往行進方向移動，所以不可能激烈衝撞配電箱。

這個說法套用在汽車為驅動輪的狀況下是正確的。也就是說，由於驅動輪旋轉時會強烈摩擦地面，如果輾過人體的話，會使人體往行進方向的反方向移動。但是，並不能拿來與被電車輾過的狀況相提並論。

「假如男子被大幅度移動而衝撞配電箱的角落，除了會讓男子的大腿和前額產生形狀相同的傷口，還會在移動時造成全身擦傷，並且關節部分應該也會產生嚴重損傷。因此，上野的判斷是天大的錯誤。」對方如此寫道。

此處再引用交通事故專家的意見，內容稍微偏向專業範疇。

「從事故現場的步道及周邊狀況來看，男子腿部以外的傷口都是在電車輾過腿部之前造成的。這部分是男子跌倒時，左側大腿與步道邊緣的銳利堅硬處碰撞所產生。頭部的傷口則是在步道和配電箱之間的步道旁、一段高低差約五到九公分的鋪石地面，與之撞擊而產生。

事故現場的步道表面、步道邊緣的銳利堅硬處及配電箱本體，與上述三者衝撞，都不會造成男子前額的傷痕。另外，如果是那種狀況，伴隨顱骨骨折的可能性相當高，可能比本次事故的傷害範圍還重大。

男子的頭撞到鋪石地面之後受傷，當場失去意識並跌倒的可能性非常高。關於跌倒的姿勢，推測是兩腳在鐵軌上，大腿根部上方在鋪石地面上，左腕、左手則蓋在步道上，呈現趴臥狀態。

腿部被電車輾過之後，可以想像身體會移動若干，但仍保持在事故前的狀態。理由為就算腿部被電車輾過，男子的重心、腰部和胸部之間以上的上半身，應該會承受一股與電車行進方向相反的反方向作用力。腿部被輾過，頭部以上的部位朝電車行進方向移動，是在人體被電車捲入之下才可能發生，本次事件並未發生該狀況。因此，可以判定上野先生的主張有誤。」

在這份鑑定報告裡，交通事故專家提出兩大主張。

第一，傷口是往前摔倒的時候，頭部與鐵路旁的鋪石地面撞擊所致。

第二，被電車輾過時，男子的頭部不會往電車行進方向移動，反而會往後方移動，因此不可能撞到在行進路線上的配電箱。

收到這份鑑定報告之後，我再次以意見書的形式提出看法。

我任職於東京都監察醫務院時，長時間以來，不斷地進行驗屍工作。在東京都範圍內，有非常多遭到電車輾斷的非自然死亡屍體，驗屍的次數也相當多。我曾經到現場相驗遭疾行中的電車撞飛的屍體，首先毫無疑問地，這類型的屍體會飛往與電車行進相同的方向。

交通事故專家主張腿部會被拋往行進方向、身體則朝反方向，我從來沒見過這類型的事故。再說一次，被電車衝撞的屍體，毫無疑問地，會飛往與電車行進相同的方向。

那恐怕是沒有電車事故現場經驗的人，才會有這般的發言。

我針對交通事故專家的論點，進一步逐項鄭重地提出我的反對意見，再次強調我最初鑑定時已經提過的根據。

在此，我最後強調的是對該鑑定結果的批判。我批判了那些無視醫學與法醫學、缺乏科學根據的專家，以及他們的鑑定結果。

我提出意見書之後，過了幾個月，男子的辯護律師團改為委託某大學的法醫學者進行再鑑定，提出新的鑑定報告作為呈堂證供。上回，我提到無視法醫學的鑑定並沒有意義，以此駁倒對方，可以看出對方也接受此說法。

而這次，大學教授的再鑑定結果如下。

「關於前額傷口是如何造成的，推測是遭到長二至五公分、寬一公分左右的堅硬鈍體強烈撞擊。至於是否可能因為該外傷發生意識障礙，由於無法排除造成傷勢的外力導致腦震盪的可能，所以也無法否定有可能發生暫時性的意識障礙。」

也就是說，傷口是堅硬的鈍體所造成，同時發生腦震盪，引起意識障礙。這非常接近男子的說法。

那倒是還好，不過，這份鑑定報告有一個重大缺陷。

大學教授主張是否有腦震盪為本案最重要的關鍵，並寫下引起腦震盪的條件，以及相關症狀如顏面蒼白、嘔吐、呼吸次數、心跳過緩、輕微低血壓等。

但是，男子被送到醫院時拍的腦部X光照片及電腦斷層掃描的結果，甚至從他的症狀當中，都沒有發現可能是腦震盪的現象。

沒有發現引發腦震盪的跡象，結論卻說有腦震盪的可能性，實在是很詭異的鑑定結果。

另外，雖然有提及前額傷口的肇因，但到底是何時造成的這個關鍵點，也一樣完全沒有說明。

無論如何，仍有爭議之處應該只有一點，即頭部的傷口究竟是如何造成的：是撞擊到路面或鋪石地面？還是被電車撞飛後，撞到配電箱的角落？

「辯方的下一位證人，上野正彥先生請上前。」

在高度及腰的圍欄的另一邊，席位中央為審判長，兩側為法官。下一階段的席位是書記官，接下來就是應訊台了。

左右兩邊是原告和被告雙方律師團的席位。我的後方是旁聽席，男子及保險公司的相關人員正坐在此處。就像在連續劇上，經常看到的審判法庭風景。

審判長傳喚之後，我站到法官面前的應訊台。麥克風已經裝置完畢。

「本人謹以名譽宣誓，秉持良心作證，所言全部屬實，不隱瞞且無虛言。」

宣讀了宣誓書之後，我在上面簽名蓋章後提交。監督著這一切的審判長，說明了作偽證將會受罰。

「那麼審判開始。請詢問證人上野先生。」

首先，由審判長點燃導火線。要求我出庭作證的保險公司律師回覆：「我知道了。」然後來到我的身邊。

在我收到法院寄來的出庭應訊通知時，算一算距離接到委託、與對方的交通事故專家和法醫學大學教授之間一來一往，至今已經過了五年的歲月。

忽然間，當法院聯絡我「請以鑑定證人的身分出庭」，我甚至需要一點時間來抓住記憶之線，回想到底是哪一次鑑定的事件。不管怎麼說，畢竟過了五年，時間久到連一歲左右的乳兒，都準備要上小學了。

雖然我並未參與其中，其實在此期間，保險公司與男子雙方一直呈現拉鋸戰，一方堅持不付錢，另一方則主張快付錢。

以證人身分站在這裡的，並非只有我。五年前為本案進行鑑定的相關人士，一個一個都站上了應訊台。一開始是控方證人的交通事故專家，接著是控方證人委託的法醫學大學教授，最後才是作為辯方證人的我，三人依序應訊。

交通事故專家和大學教授在原告律師的誘導之下，分別做出了與鑑定報告相同的證言。

最先站上應訊台的交通事故專家依照鑑定報告的內容，說明了如果人體被電車撞飛，雙腳會被拋往行進方向、頭部則會往相反方向。

接下來作證的大學教授也一樣，主張男子因為頭部受到撞擊，導致意識不清而無法逃離，因此腿部遭到輾斷。

最後，輪到我作證了。站在我身邊進行詢問的，主要是保險公司的律師。

——首先，請告訴我們，男子前額的傷勢是如何造成的？

「好的。各位可以想像小孩在運動會上摔倒的狀況，應該就會明白，人們摔倒的那一瞬間會伸手防禦，就算力道太強導致顏面受傷，一般來說，應該也會有兩手擦傷或磨破膝蓋等小傷。但是在男子身上完全沒有這些傷痕，就如同跑步跌倒而只有前額受傷，這種事我聞所未聞。」

我也依照鑑定書裡的內容，回答律師的問題。

——你的意思是，前額的髮際線部位受傷是不可能的？

「是的，正是如此。除非在跌倒的時候，頭部極為扭曲，以十分不自然的姿勢遭受撞擊，但以本案的狀況來說，這是不可能的。」

——那麼，你的意思是前額受的傷不是跌倒所造成？

「是的。人體被電車撞擊時，會飛往與電車行進相同的方向。這是我任職於東京都監察醫務院時，前往許多列車事故現場得到的經驗。因此，男子是在雙腳被輾斷的同時，上半身旋轉並被拋往電車的行進方向，前額撞上右前方二、三公尺處的配電箱角落。前額的傷口是一道垂直的斜線傷痕，如果是跌倒受傷，由於會擦過路面，傷口應該是一條直線才對。也就是說，被撞飛的身體扭曲後撞上配電箱的角落，造成斜線傷痕，這才是比較合理的判斷。」

原告律師舉手了。

——當時明明是腳在行進方向、身體在相反方向，你卻說身體被拋往行進方向，這不是很奇怪嗎？

針對這個問題，我再次重複了之前的說明。

「所以我提到，我沒有看過那種現場。全部都是朝行進方向被撞飛。」

聽了我的回答，保險公司的律師看似滿意地繼續下一個問題。

——原告主張他是因為腦震盪而失去意識，針對這一點你有什麼看法？

「雖然原告主張跌倒時頭部遭到撞擊、引發腦震盪，但是卻沒有提出根據。如果真的造成腦震盪，X光和電腦斷層掃描會顯示出來。在鑑定報告裡我也提過，腦震盪會引發失去意識、嘔吐及心跳變慢這三種症狀，可是病歷上並未記錄男子有這些症狀。因此，跌倒引發腦震盪、造成意識障礙才被電車撞擊，這種說法並不合理。」

包含我在內，三名證人的訊問時間總共是三十分鐘到一小時左右。

針對律師的問題，我徹底回答完畢後，審判長宣告：「現在開始進入十五分鐘左右的休息時間。」

然後，他緊接著問：「休息之後會準備好白板，請問證人能夠透過繪圖來說明嗎？」

至此，審判告一段落，進入十五分鐘的休息時間。

就結果來說，這十五分鐘的休息時間，使得長達五年的紛爭產生劇烈變化，並且急速邁向終點。

「那麼，能夠再次請證人利用白板進行說明嗎？」

「好的。」

在我眼前，有一塊剛剛才被搬進法庭的白板。

此時，法庭內的氛圍已經改變了。

在此之前，雙方爭論的焦點一直停留在：男子供稱在鐵軌上摔倒、失去意識後被電車撞上，但他前額的傷勢是否真能造成意識不清？說到底，這個傷口真的是跌倒時所造成嗎？

原告與被告雙方一直針對這些疑點，一來一往地表達各自的主張，不斷重複再重複。

但是，當三位證人應訊結束後，法庭內的氛圍逐漸倒向我的意見是正確的。所以審判長才會希望我在休息時間之後，進一步詳細說明。

正因如此，我得以從舊有的爭論中解脫。

我在白板上畫出現場的示意圖。圖中呈現出男子倒在鐵路上的狀態，軌道的外側是一個緩坡。根據電車駕駛的證言，就是這種景象。

「男子倒臥在地，雙腿在軌道上。上半身在軌道之外，但當時天色昏暗，所以看不太清楚。」

昏暗而看不清楚的鐵軌外側，也就是男子失去意識、上半身倒臥之處，這裡是一個緩緩的下坡。

這麼一來，事情是怎麼一回事？

男子的雙腳在鐵軌上，上半身在下坡處的鐵道外側。

若是如男子主張，他當時失去意識、倒臥在地，那麼，上半身的頭部就會在下方沿著下坡趴臥，下半身則因軌道內的地勢較高，膝蓋關節以下的小腿會在上方較高的位置。

維持這個姿勢和行駛中的列車接觸的話，左右小腿應該會被電車前端下方的排障器先排除，但是事實上，男子的左右小腿都在同一個位置被輾斷。

如果男子臥倒在地時，沒有像伏地挺身一樣伸長雙臂，使上半身和下半身同高的話，是不可能發生這種狀況的。至少當一個人意識不清時，無法維持那樣的姿勢。

這個案子並非單純的跌倒事故，而且經過計算並偽裝成事故的可能性很高，我一邊說明，一邊在白板上畫圖。

因為這個平交道是下坡，若以臥姿跌倒，膝關節以下的小腿必定會朝背部彎曲並往上抬，在鐵道上形成雙腿傾斜向上的狀態，但這與事實有很大的矛盾。
兩腿的截肢處，無論左腳還是右腳，都在同一個位置遭到平行截斷。
如果男子真的喪失意識，身體應該是軟趴趴、無法用力的狀態，即使被輾過也不可能造成平行的切面。而且在一般狀況下，電車輾斷較近的那一腳後，另一腳會順著撞擊的力道飛出去，不至於也被切斷。或者是，斜著被切斷。
男子的雙腳在相同高度的地方，被電車完美地平行截斷。
這到底代表著什麼？
「兩腳被平行輾斷，代表著什麼樣的狀況？就像這張圖上畫的一樣，兩腿放置於軌道上，上半身則沿著鐵道外側的下坡趴臥，我推測男子為了撐起上半身，以伏地挺身的方式撐住全身。因此，他非但沒有意識不清，這根本是有意圖的行為。」
把自己的兩條腿放在鐵軌上，用兩手撐著在鐵道外的上半身，維持伏地挺身的姿勢、等待電車通過。不管是什麼樣的人，為了等待雙腳被電車輾過的那瞬間，肯定花了相當多的力氣；而雙腿也一樣花了很大的力氣吧。這和失去意識、軟趴趴地倒在鐵路上的狀態，可以說正好相反。

電車差不多要到站了。

「砰——」

激烈的警笛聲響起，像要劃破黑夜一般。

男子維持著等待被撞擊的準備姿勢，接著電車通過了。用盡全力的雙腳，在平行的一直線上被截斷，這在普通的電車事故中，不自然到令人難以置信。

「我知道了，謝謝您的說明。」審判長對我說道。

那是決定保險公司勝訴的一瞬間。

CASE 6

海外謎團

最近我看到一則日本人在菲律賓遭到殺害的新聞；在馬來西亞，則是有一位日本女性因試圖走私安非他命而獲判死刑。

近年來，海外日本人被捲入犯罪事件，或是反過來涉嫌犯案的事件正在增加，也許是因為前往海外國家的日本人激增的關係吧。

然而，每當我看著相關的新聞，由於地名都是一些聽不慣的片假名外來語，總有一種脫離現實的印象。

即使如此，在海外捲入犯罪的，確實就是日本人。

就算去到海外，屍體還是會說話。

事實上，希望我針對海外案件再次鑑定的委託也變多了。

有人被投保了高額的意外傷害險，在旅行中忽然死亡，最後演變為理賠糾紛。與日本國內不同的是，發生在海外的事故，大多無法得知確切的狀況。在治安不太好的情況下，加上警方的搜查通常也不到位，特別是邊境地區，若有心製造事故，實行起來相當容易。

保險公司雖然會前往當地調查，但是如果一直沒有明確的證據，就會被視為事故傷害死亡，即使提出異議，也大都不被當一回事。

委託人通常是基於上述原委，前來找我諮詢。

在這一章裡，我將舉出三個此類型的案例，同樣都是發生於海外的事件與意外事故，並於後續委託我進行再鑑定。我想這類型的海外案件，今後應該會漸趨增加吧。希望本章能稍稍達到一些防範於未然的效果。

在菲律賓某高樓層飯店的二十五樓，一名日本男性從窗戶墜落，在七樓的陽台落地死亡。

屍體被送到菲律賓國家警察犯罪研究所進行驗屍。

經鑑定後，判斷死因為「頭部、軀幹及下肢外傷」，該案被視為「事故傷害死亡」處理。

然而，男子身上投保了高額的意外傷害險。

「本案是否確實為事故傷害死亡，能請您協助再次鑑定嗎？」

保險公司的負責人帶著一份完整的事件資料，前來我家拜訪。

案發現場的照片顯示，男子跌落的窗戶距離床鋪約一公尺，大致與成人的腰部同高。另外，窗門就像一般在飯店經常看到的，是無法完全打開的構造。男子由二十五樓的某個窗戶，墜落至五十四公尺下方的七樓陽台地面。

位於七樓的現場，陽台距離牆壁二公尺處設有鋼鐵材質的柵欄。被害者的頭與柵欄的下側相連，身體被拋出柵欄外側，並維持此狀態直到屍體被發現。

簡單來說，男子從二十五樓的窗戶摔落，頭部撞上七樓距離牆壁二公尺遠的柵欄扶手，雙腿則因撞擊力道而被拋出柵欄外側。

這是一起意外墜落的事故傷害死亡事件嗎？還是故意跳樓自殺的呢？爭議主要圍繞在這一點上。

首先，試著考慮看看意外墜落會是什麼狀況。

男子摔落的窗戶與腰部同高，並且因為窗戶構造的關係，只能打開三分之一，從這扇窗戶意外墜落，本身就相當不合理。但是，由於這只是間接證據，我們暫且先擱置一旁。

如果男子是意外墜落的話，身體應該會從窗戶沿著牆壁滑落。簡單來說，男子會沿著飯店外牆緩緩落下。如果途中有任何突起的障礙物，身體就會在撞上障礙物後被往外拋出，但由飯店的照片看來，它是典型的高樓層建築，所以外牆沒有任何凹凸之處。

但是，屍體卻從距離牆壁二公尺的外側落下。

這代表著什麼？

也就是說，男子就像去游泳，以由頭部飛躍而出的跳水之姿墜落。如果整個人站到窗框上，腳一踢、縱身一躍，就會形成頭下腳上的墜落姿勢。

這麼一來，就和驗屍結果完美吻合了。

我以圖解的方式來說明：男子從窗戶墜落，頭部撞上五十四公尺下方的柵欄扶手後，被拋出柵欄外，並以這種姿勢橫屍於此。

如果男子當時坐在窗戶上，以回頭看向窗外的姿勢落下，又會如何呢？

如前述一般，他的背會靠著牆壁，以非常接近牆壁的狀況落下，因此著地時不會落在距離牆壁二公尺遠的柵欄外側，而是落在靠近牆壁的內側。

一般來說，普通的狀況是腳部距離建築物的牆壁較近、頭部距離較遠，屍體的損害大多是以後腦勺為中心的顱骨粉碎性骨折為主，不太會形成顏面的磨損及瘀傷。

但是本案的屍體在柵欄外側著地，並且頭部較靠近牆壁，雙腿則距離較遠。依據驗屍所見，並沒有發現足部或股骨頸有任何骨折現象，因此著地部位並非足部。

這些判斷都是出於許多墜樓事故的驗屍結果，另外，也來自我所屬的大學裡，利用假人進行的實驗結果。

根據上述理由可以斷定，這並不是一起坐在窗戶上、往外翻落的意外墜落事故。

另外，於本案中，並未在屍體上發現除了著地造成的損傷以外的傷口，因此可以排除他殺的可能，判定這是一起自殺案件。

男子由距離建築物牆壁二公尺遠的位置落下，這是將本案判斷為「自殺」的理由。如同上述，我提交了鑑定報告。結果，保險公司的主張得到法庭認可，獲判勝訴。

第二起事件發生於蒙古。

在烏蘭巴托的機場附近，有一處高約四公尺的拱形人行步道，一名日本高齡男性背朝外側、坐在步道邊緣的石頭上。當時與其說是深夜，不如說更接近清晨，是行人極為稀少的時間點。

男子可能是因為喝醉的關係，往後跌落到下方正在施工中的砂石路上，他被送往醫院之後，沒多久便宣告不治死亡。

事故發生後，男子的頭部朝向步道的外側牆壁，呈趴臥姿勢。雖然沒有經過正確的測量，但牆壁到頭部之間的距離大概是四、五十公分左右。

男子的屍體在當地進行了司法解剖。相驗這位日本死者並進行解剖的，是一名蒙古警察。

我看到的解剖報告，內容記載如下。

1. 左胸第一至十二根肋骨骨折
2. 左上肺葉損傷（因骨折折斷端受損）

3.血氣胸六〇〇毫升
4.腰椎第三、四節骨折
5.左股骨骨折
6.血液酒精濃度達二.四%,強度酩酊狀態(上記單位正確應為mg/ml)
根據上述,死因是「外傷休克」,死因種類為「酩酊引發過失之事故」。
本案和先前介紹的菲律賓事件相同,也是由保險公司委託我再次鑑定。不過,先由蒙古警察驗屍並進行司法解剖後,再讓我鑑定,這種時代竟然也來臨了,以往真的難以想像會有這樣的事。我深刻地體會到世界正在發生劇變。
來自保險公司的委託如下:
1.本案被視為酒醉造成的事故傷害死亡事件,從屍體的狀況來看,該判定是否正確?
2.是否有遭到第三者推落的可能性?
簡單來說即為,蒙古警察做出了因酒醉導致事故傷害死亡的結論,從屍體狀況來看是否正確？男子有沒有被誰推落而死亡的可能性？

當然，就算是在蒙古，「屍體會說話」的原則依然管用。

我再次嚴密地確認蒙古警察的驗屍和解剖結果。

根據同行者的證詞，被害者被發現時的姿勢為趴臥，頭部位於距離步道四、五十公分處，屬於離步道較近的一端，足部則離步道較遠。

如果男子坐下之後，向後翻倒跌落四公尺高的步道，落下時應該是以頭部朝下、背部朝牆的姿勢墜落。如此一來，就像先前在菲律賓事件說明的一樣，男子著地時，應該是腳在靠近牆的這一端，頭則面向外側，呈仰臥姿勢。

屍體的狀況若與上述相同，那麼因過失而造成跌落事故的可能性就很大。跌落時，後頭部遭到強烈撞擊，一般來說可能造成頭皮挫裂創、顱骨粉碎性骨折或腦挫傷，並伴隨大量出血，導致立即死亡。

然而，本案的被害者並未發現頭部損傷。不只如此，屍體被發現時呈趴臥而非仰臥，並且頭部在較接近牆壁的一端，與上述意外跌落的狀況完全相反。

因此，沒有合理的說明能夠支持本案是一起過失事故。

假設男子是遭到某人推落，那會看見什麼樣的屍體呢？

如果男子是遭第三者推落，可以想見會加速往後方墜落，身體會因為加速度的關係，翻轉約二七〇度，然後呈趴臥姿墜落在地。此時，頭部會靠近牆壁，雙腳則離牆壁較遠。

被害者的臉部會遭受強力撞擊，造成顏面骨折、顱骨骨折，導致臉部變形並伴隨大量出血。

更甚者，可能因為撞擊胸部導致前胸多處肋骨骨折，肋骨的折斷端刺穿肺部，引起肺部損傷，甚至造成血氣胸。在這種情況下，也可能導致心臟破裂。只是，如果跌落時以雙手保護臉部，或許就不會造成顏面骨折和顱骨骨折。

若我們假設這是案發情形，會發現被害者的屍體狀況與上述吻合。

另外，男子左腳大腿的股骨有骨折現象，推測有可能是左大腿先著地，而右腳剛好砸在左腿的大腿骨上。一般意外跌落著地時，容易造成骨折的部位大多是頭部或膝蓋，不會發生於大腿部位。

我在意見書的「總結」欄位裡，記載如下文字。

「被害者在步道上，背朝外側、坐在步道邊緣的石頭上時，遭到位於他右斜前方的第三者（加害者）撞飛，加速度往左後方跌倒並摔落步道。被害者的身體經翻轉、跌落四公尺之下的地面，頭部靠近牆壁，雙腳則在較遠處，呈左側向下的趴臥姿。該姿勢與發現時的狀況吻合，也能合理說明被害者身上的各處損傷。因此，本案並非過失事故，應該考慮為有第三者介入的跌落事件。」

根據此一鑑定結果進行民事訴訟後，最終判決保險公司不需支付意外傷害險的保險金。被告的保險公司獲得勝訴，全案終結。

判決結束後，我從保險公司的負責人那裡聽說，保險金的受益人，即本次訴訟的原告，他並不是被害者的親戚，單純只是一個認識的人罷了。

這名男性被害者已屆高齡，而且患有酒精依賴症候群，因此連長年陪伴的妻子都提出了離婚的要求。與妻子離婚後，他和蒙古人再婚，遠渡海洋的另一端。此時，身為保險金受益人的原告男子，花言巧語地誘哄被害者，提議要帶他到蒙古和妻子見面，然後就發生了這起事件。即使從案外的狀況來看，也能推斷這件事情相當值得懷疑。

但是，本案仍然屬於民事訴訟的範疇內，無法視為刑事案件。

根據我的鑑定意見書，因為本案有第三者介入的關係，讓保險公司在民事訴訟上獲得勝訴。

有關這名第三者，也是本次事件的加害者，其真面目為何？究竟是誰推落了被害者？由於是在蒙古發生的事件，已經以當地的法律判決完畢，在日本也無從爭取，所以只能定調為民事訴訟。

「死者的話才說到一半」，我想沒有比這更遺憾的事了。

最後的事件發生於印尼。

這起事件與前述相同，都是由保險公司加以委託。

某棟公寓裡，發現了一具日本男性的屍體。

家屬認為男子遭第三者殺害，以他殺為理由，要求保險公司支付意外傷害險的理賠金，但保險公司拒絕支付，因此演變為一起訴訟糾紛。

事件的概要如下。

清晨，妻子起床後，發現丈夫（本案受害者）身穿睡衣，以後腦勺抵在牆上、膝蓋稍微彎曲的姿態坐著。

妻子出聲喊了他，但丈夫並沒有反應；觸摸丈夫的身體後，才發現他已經沒了溫度，慌慌張張地呼喊了另一名同居男性。

該男子也試圖叫醒他，依然沒有任何回應，於是叫了救護車。急救人員檢查後發現病患已經死亡，不過還是將他送到附近的醫院。

醫院確診男子在送醫時已經死亡，為了解開死因便進行解剖。隨後，警方偵訊作為屍體第一發現者的妻子及同居人。

在此，我想具體確認家屬這一方及保險公司的爭執點為何。

在男子的頸部觀察到類似索狀物的勒痕，因此爭議在於，那到底是上吊自殺的痕跡，還是被第三者勒死的痕跡？

保險公司提供的資料如下：

1. 印尼警方的搜查報告書譯文
2. 印尼醫院的死者解剖報告書譯文
3. 英文的死亡證明書
4. 五張遺體照片
5. 四張現場照片
6. 皮帶及繩子的照片
7. 印尼警方的意見報告書譯文
8. 妻子向保險公司調查員進行事實陳述的供述紀錄

9.同居人向保險公司調查員進行事實陳述的供述紀錄

10.至今為止的審判紀錄

以上僅為參考，還有其他零星資料。

根據這些資料，我再次進行了鑑定。

「醫生，本案中死亡男性的死因，到底該怎麼判斷才好？」

作為委託人的保險公司負責人，嘴上雖然這麼說，其實真心話是：「醫生，我們認為這不是他殺而是自殺，能請您用法醫學的角度協助確認嗎？」

「我知道了，我會評估，能給我一些時間嗎？」

「謝謝，那麼就拜託您了。」保險公司負責人說完便離開。

我馬上著手進行評估。

印尼醫院解剖屍體後的結果記載如下。

「死因為頸部遭纏繞型鈍器施加壓力，造成甲狀軟骨左右上角骨折，並在骨折處周遭形成出血，因而阻礙了呼吸器官的運作，最終導致窒息死亡。」

在解剖報告中，並未區分這是自殺、他殺或災害事故。順帶一提，印尼媒體將該案件報導為事故傷害死亡。

確認死者所在的現場照片後，推測皮帶是繫在雙層床架的第二層，死者應該是臀部坐在地上、頸部則呈上吊姿勢。

發現者聲稱並未看見男子的頸部被吊起來，但是警方發現死者本人的皮帶，並確認皮帶的寬度與男子頸部的勒痕寬度吻合。但是，男子被發現時，頸部並非上吊狀態，皮帶也不在現場附近。

男子的臉部有瘀血及窒息的狀況，並且手腳都有撞擊後的瘀傷，也有出血傷口。

我讀過解剖報告之後，發現裡頭記載了以下內容：

1. 顏面瘀血
2. 左眼瞼點狀出血
3. 兩肺胸膜下方點狀出血

4.頸部的索狀物勒痕（沒有防禦傷痕）
5.甲狀軟骨兩上角骨折
6.後腦勺瘀傷．裂創（痙攣期造成）
7.右腳側面表皮剝落（痙攣期造成）

從屍體的狀況來看，這不是典型縊死，而是非典型縊死。

縊死分成兩種，典型縊死及非典型縊死。

所謂的典型縊死，指的是全身體重百分之百懸掛在繩索上，導致窒息死亡。日本執行死刑時的吊死就是屬於典型縊死。在這個狀況下，動脈和靜脈會瞬間閉鎖，因此臉部不會充血。

另一方面，非典型縊死指的是全身重量沒有完全施加在繩索上的狀態，例如腳稍微碰到地板，或是坐在座位上，以臀部稍微懸空的姿勢上吊。在這種狀況下，通過皮膚表面的靜脈會閉鎖，但很難壓迫到通過體內深處的動脈，因此頸部會緩緩收緊，在此過程中臉部會充血。

回到本案，死者顏面泛紅有瘀血，並且從第二點到第五點可以看出，本案是非典型縊死事件。

第六點和第七點又是怎麼回事呢？進入窒息的第二階段之後，腦部會陷入缺氧狀態並引發痙攣。此時，如果手腳撞擊到牆壁或地板，由於人還活著的關係，所以會產生皮下出血或瘀傷。從這些現象，可以了解這個屍體的狀況。

乍看之下，這些現象似乎是與人爭執後、遭到殺害的證據，但考慮到窒息的第二階段對人體造成的影響，也沒有什麼奇怪之處。

那麼，頸部的索狀物勒痕，有可能是第三者以皮帶勒死死者的痕跡嗎？

事情並非如此。為什麼我能斷定死者並非遭到勒死？

這是因為留在被害者頸部的勒痕，是一道斜線傷痕。

如果是他殺，根據我目前為止的驗屍經驗，留在死者身上的勒痕都不會是斜的。被他人勒死的狀況，就像拉緊領帶一樣，勒痕會水平地圍繞頸部一周。

我希望各位想像一下，被人勒住脖子殺害的畫面。

畫面應該是這樣的：加害者悄悄地由後方靠近，用皮帶往前繞住受害者的脖子，然後往正後方用力一拉。往斜上方拉扯的話，是沒辦法殺死對方的。

屍體還告訴我另一件重要的事。

如果男子從背後被勒死，為了防禦，脖子上應該會留下防禦傷痕，但是在這具屍體上，並沒有發現類似的痕跡。

簡而言之，由於繩索的勒痕位於耳後，並往斜上方延伸，因此可以判斷，這是在與門把差不多高的位置上吊自殺而留下的痕跡。即使在像門把這樣低的地方上吊，只要臀部稍微離地，就能造成非典型縊死。

根據上述理由，我鑑定本案為自殺的可能性相當高。

以上介紹了三起從海外帶回日本的再鑑定案件。

如本章開頭所言，日本人前往海外的機會愈來愈多，與過去相比，海外死亡事件的委託也明顯地正在增加。

日本警方在事件發生後，會進行嚴密的搜查，也能確認後續的驗屍及解剖。但是，部分海外國家並沒有這麼嚴謹的搜查系統，現狀就是如此。特別是邊境地區，搜查不到位，案件處理經常順著到場家屬的意志，或者關係人士的說詞進行。這正是問題點。

因為日本國內的搜查很嚴謹，所以前往海外實行詐領保險金的行動，這類鑽法律與搜查漏洞的事件也就變多。

我認為海外發生的死亡事件，是今後必須加強監視及警戒的一大問題。

CASE

7

小小的溢血點

這是發生在某家安養院的事，入住於此的老人相繼去世。

死因雖然是摔死，但也有傳聞認為，這可能是一起連環殺人事件。有人質疑臥床不起的老人，可能自己跨越陽台而墜樓嗎？也有人認為，老人遭到院內看護長期虐待。但是至今為止，真相仍未明朗。

不久之前才發生一起令人痛心的事件：五十歲的兒子殺害了患有失智症、八十歲的媽媽。

兒子與雙親共三人同住，父親過世後，母親跟著出現失智症的症狀，於是兒子獨自看護母親。或許是因為生病的關係，母親開始過著日夜顛倒的生活。

兒子是工廠的契約員工，白天工作，晚上則看護母親。以客觀環境來看，他實在是難以兼顧，只好暫時停職，並且尋求日間照護服務的協助。但是母親的症狀日漸惡化，甚至到了上街遊蕩、需要警方保護的地步。

在看護負擔完全無法減輕的狀況下，兒子不得已只好離職。此後兒子三度向政府申請最低生活保障，卻只得到「請盡力工作」的回覆，也沒有任何具體的建議，三次申請都未被受理。

因為必須一邊照護母親，對於求職相當不利，在還沒找到新工作的期間，他的最後一條救命繩——失業給付金也停止給付了。

他原本就沒有存款，銀行的卡片貸款也達到上限額度，不要說日間照護的費用了，甚至連房租和水電費都繳不出來。

「已經沒錢了，只能活到這個月底。」被逼到絕境的兒子開口和母親說。

母親只回答：「這樣啊，不行了啊。」

兒子問母親：「想活下去嗎？」

母親望向遠方，口中說著：「想啊，兩人一起活下去，和你一起。」

不過，眼看現實是連這一點都無法辦到了。

「為了媽媽，我要盡最後的孝道。」

兒子默然地在心中下了決定。

到了月底的房租繳納期限，他將公寓打掃乾淨，帶著僅剩的七千日元出門。他推著坐輪椅的母親，到京都市內觀光。

「以前媽媽曾經帶我來京都玩，那個時候真的好開心啊。」

「是呢！」

兒子推著輪椅，兩人去了回憶中的景點，親子之間就這麼對話著。最後的晚上，他在便利商店買了麵包，和母親一起吃著。

午夜，他邊走邊選定兩人的葬身之處，那裡是小時候母親帶他來過的河邊步道。

日曆上的日期已然改變，即將迎來清晨。

「已經活不下去了呢。沒有錢了對吧。我們在這裡結束一切吧。」

在降下霜的寒冷清晨，面對說出這些話的兒子，母親回道：「這樣啊，活不下去了啊，我和你在一起喔。」

「對不起……」

兒子哭著道歉，母親此時將兒子叫到身邊來。

「你是我的兒子，我來動手吧。」

聽到這樣的話，兒子決意自己必須好好完成這件事。他掐死了母親，並試圖自殺，拿菜刀割斷自己的脖子，但是最終留下了一命。

出庭時，他訴說著自己的心情，從以必死的決心看護母親，但仍失去工作、為錢所困，直到精神上被逼到絕境。

「我的手是生來殺死母親的。」

「我準備餐點的時候，媽媽總會像個嬰兒一樣爬到我身邊。只要我抱抱她，她就會對我露出笑容。我最喜歡媽媽了。」

在法庭上，兒子提及自己後悔的心情。聽說，連審判長都不時浮現淚水。

「照護工作讓我覺得很累，但我沒有討厭過媽媽。不如說我感到很高興。雖然我奪去了母親重要的生命，但是我希望投胎轉世，再做她的孩子。」

對於如此訴說的被告，法院判決為殺人（承諾殺人罪），並破例予以緩刑。

「本案不僅審判被告，也一併質疑長期照護保險和最低生活保障的行政方針。讓事情發展到這種地步，今後該如何處理類似的情節，本庭認為相關行政人員有重新考量的空間。」

接下來談論另一起事件，共通點在於，它同樣是社會弱勢者被捲入的悲慘事件。

一天，某位男性死者的雙親、妹妹，以及律師一起前來拜訪。父親就像導火線被點燃般，感覺充滿了憤恨。

他的兒子因為精神狀況不穩定，先前就進入精神科醫院觀察。根據護理師等人的描述，這名男子在醫院裡暴跳，因此院方對他注射鎮定劑，並以皮帶束縛，將他固定在床上。當護理師晚上巡房時，發現他沒了反應、癱軟在床，於是慌張地喊來當天值班的醫生，並在解開皮帶之後，施以心肺復甦術，但是卻來不及了。依值班醫師的判斷，他們請來主治醫生，確認男子已經不治死亡。

家屬趕來醫院時，已經是在那之後的事了。這代表著家屬沒能見到死者的最後一面。

關於男子的死因，院方僅提到可能是因為心臟病發作的關係，針對為何死亡這一點，卻無法明確解釋。

家屬認為事有蹊蹺，懷疑「平常精神奕奕的兒子，不可能突然猝死。而且他的臉變成嚇人的黑色，這難道不是被施以暴力的關係嗎？或者是因為施打鎮定劑造成休克死亡？」他們向醫院表達不滿，院方卻只是不斷重複說明，男子的死是因為病情發作的關係。

院方冷淡的回應，加深了家屬的不信任感，因此轉而尋求警方的協助。結果，由於疑為醫療事故，便對男子的遺體進行司法解剖。負責的護理師和院方都接受了警方的偵訊，病例也遭到扣押。一般來說，精神科醫院都是與世隔絕的封閉環境，所以體系外的人實在難以得知院內的狀況。

司法解剖交由大學教授執刀，並於法醫學教室進行。

在那之後過了半年，鑑定報告出爐。大學教授聯絡家屬，希望向他們說明鑑定結果，因此雙親和妹妹前去會合。以下是負責解剖的大學教授之說法。

「沒有發現家屬擔心的暴力痕跡。由於鎮定劑已經排出體外，從血液裡驗不出來，所以也與死因無關。這是長期以來的心臟病惡化，而引起的急性心臟衰竭。」

為了查明真相，雙親找來律師商量，包括醫院的冰冷回應，以及從發現異常到死亡期間的模糊說明相當可疑等事發過程，皆一併告知，最後決定提起民事訴訟。

只要民事訴訟成案，大學教授的屍體鑑定報告就會成為呈堂證供，家屬也可以取得詳細內容。該鑑定結果是否正確將成為主軸，並能夠針對有異議之處提出反對意見。這部分會由熟知醫療事故的律師團隊來擬訂對應方法。

死者的妹妹因為讀過我的作品《屍體會說話》，認為可以託付給我，於是選擇我作為本案的再鑑定人，並與律師團隊一起前來拜訪。

雖然很感謝她的信賴，但是就如同先前所言，我不會立刻接受案主委託，也不會依照委託人的想法進行鑑定。我必須先了解事件梗概，閱讀過家屬提供的參考資料，特別是解剖醫生的鑑定報告，之後才能決定是否接受委託。

看過鑑定報告後，我發現內容隱約提到頸部在生前形成的繩狀壓迫痕跡。而且臉部的瘀血嚴重，有多處溢血點，加上眼瞼與口脣黏膜處也有許多米粒或粟粒大的溢血點。另外，心肺、食道及氣管黏膜等處出現不少粟粒大的溢血點，顱底也有嚴重瘀血的紀錄。

毫無疑問地，這些都是窒息死亡的現象。我繼續閱讀鑑定報告，意外發現上面寫著因為頸部的壓迫痕跡輕微，判定並非被勒住頸部導致的窒息死亡。

臉部瘀血嚴重，眼結膜、口脣黏膜處觀察到多處溢血點，心臟及肺臟、加上食道及氣管黏膜也出現溢血點，顱底錐體部位也有瘀血，鑑定報告上說這些都是急性病死的症狀，判定死因是急性心臟衰竭。

這判斷太詭異了，實在讓人難以接受。

話說回來，為什麼會把這些現象診斷為急性心臟衰竭呢？

回想起來，大學的法醫學教室裡似乎只負責殺人事件的司法解剖。與監察醫務院的法醫不同，由於大學不處理病死、自殺、他殺及災害事故等遺體的驗屍與解剖（行政驗屍、行政解剖），因此我推測，他們或許幾乎沒有機會能觀察到因病產生的溢血點。

本案中觀察到的溢血點，在各個部位出現的數量相當多，並且尺寸達到粟粒大的程度。在法醫學的教科書中會提到，溢血點通常出現於窒息死亡時，也會出現在急性病死的狀況。

如果解剖醫生引用此點，做出急性心臟衰竭之病死的診斷其實沒有錯。

但是，溢血點的大小是不一樣的；教科書裡並沒有提到尺寸的大小差異。恐怕正因如此，那位大學教授才會做出這樣的判斷吧。

這裡我想針對本案的問題點，也就是溢血點來說明。從「溢血」這個詞可以看得出來，溢血點是血管壁在沒有破損的狀況下，因為血管阻塞等原因造成血液成分由血管壁漏出的現象。也有人將此症狀稱為點狀出血，其實稱為溢血點才是正確的。所謂的出血，指的是血管壁破損後，血液流出血管外的狀況，與溢血點的機制不同，兩者有其區別。就像被針頭刺到一樣，極為細小的紅點就是溢血點。

雖然有點離題，不過在昭和時代，我在東京都監察醫務院工作的三十年來，以法醫的身分前往非自然死亡（如健康的人突然死亡、自殺、他殺、災害事故等）的陳屍現場進行驗屍，為查明死因也必須進行解剖（行政解剖）。從這些經驗裡，我得知如何區別屍體上的溢血點究竟是窒息死亡造成，還是因病發作而形成。

心臟病發作而產生的溢血點，通常是在心臟劇痛的狀況下造成胸悶、氣息窒礙而無法自行呼吸，導致患者在臉部瘀血、發黑後猝死的過程中所產生，也就是說，溢血點是因為呼吸困難，導致血液阻塞而生成，一般狀況下，其形狀如蚤刺，尺寸相當小。

簡而言之，在因病發作的狀況下，心跳和呼吸停止，導致血流阻塞、產生溢血點，因此形狀通常與蚤刺一樣小，出現數量也相當少。

但是，在頸部遭繩索勒住，導致窒息死亡的狀況下，雖然靠近皮下的頸靜脈（血液回流至心臟的血管）會受到繩索壓迫被阻斷，但在體內深處流動的頸動脈（讓血液流出心臟的血管）位置較深，並不會受到表面的壓迫，所以在繩索上方的臉部會因為大量血液阻塞的關係，產生嚴重的瘀血和溢血點現象。血管（頸靜脈）受到繩索的物理性壓迫，血流被阻斷，因此出現溢血點，此時溢血點的形狀像粟粒一樣大，數量也相當多。

如上所述，雖然都是溢血點，但產生的機制不同，生成形狀也各不相同。

要看穿溢血點形狀的相異之處，必須有許多驗屍和解剖的經驗。這是因為沒有任何教科書或文獻，會深入分析並解讀到這個地步的關係。但是，這並不是很難理解的事情，就像河川停止流動，上流就會充滿水；同樣的道理，瘀血及溢血點的出現也是理所當然的現象。

基於上述理由，考察了整體狀況之後，我判斷本案死者有極大的可能，是頸部遭受壓迫而導致的窒息死亡。

「醫生，由於情勢相當不利，案情難有進展。」

就在我提出意見之後沒多久，律師就到我家拜訪了。

「怎麼說？」

「承蒙醫生的意見，那起溢血點事件，法官似乎不接受您的說法。」

法官應該是認為這種現象並未記載於教科書或文獻當中，判斷此屬於個人見解，並非一般常態，所以不予採納。

法官要求律師團隊尋找其他支持此見解的法醫學者，予以佐證，但是在那之後，幾位大學教授的回覆中，都是否定我的見解。

診斷時，只以溢血點的有無來判斷，並不考量溢血點的大小或數量。

正因如此，律師團隊得到的意見，都是本案如負責解剖的大學教授所言，判定為急性心臟衰竭即可。

我對於法醫學者們竟然不知道溢血點出現機制的現狀，感到相當震驚，不過依然回覆律師：「如果有什麼需要我的地方，請儘管讓我知道。」

「醫生，能請您出庭作證嗎？」

在那之後不久，辯護律師聯絡我。他似乎認為讓我直接以證人的身分出庭說明，是比較好的做法。

「好的，當然可以。」

我被律師的熱忱影響，也希望自己能做點什麼。強行採納扭曲事實的鑑定結果，是一件很奇怪的事。面對屍體說的話，怎麼能不真摯地側耳傾聽。最重要的是將屍體傳達給我的訊息，無論是由屍體所見，或者由解剖結果觀察到的心臟病發作死亡及窒息死亡兩者的差別，我都要簡單地說明，並讓非專家的法官也能理解。當時，我強烈地抱持著這樣的念頭。

出庭的那一天，是吹著寒風的某個冬日。

站上應訊台的我，宣讀了宣誓文。

「本人謹以名譽宣誓，

秉持良心作證，

所言全部屬實，

不隱瞞並無虛言。

姓名　上野正彥」

隨後律師來到我的身邊，開始證人訊問。

與以往相同，律師也是從我的簡歷開始詢問。

——您的職稱雖然是醫師，但是您有臨床經驗嗎？

「沒有，我沒有臨床經驗。」

——您主要是哪一個部門的醫生？

「我的專業是法醫學。」

——大學畢業後，您在哪裡就職呢？

「我任職於東京都監察醫務院。」

——這裡我想針對您的職務詢問幾個問題，請問監察醫是什麼樣的制度？

「根據屍體解剖保存法第八條，監察醫的工作是透過驗屍及解剖非自然死亡的屍體，以查明屍體的死因。也就是負責查明死因不詳的屍體，其死因為何的工作。」

——您剛剛提到的監察醫，是所有的都道府縣皆設立的職位嗎？

「不，在日本只有東京、橫濱、名古屋、大阪及神戶這五大都市設立。」

——剛剛您提到死因不明這個字眼，請問所謂的死因不明、非自然死亡屍體，是什麼意思？

「一般我們將死亡方式分為兩種，病死及非自然死。病死指的是經醫師診療後，確認患者為內因性死亡，內因性死亡肇因於患者原有的疾病，當患者因為該原因死亡時，主治醫師會開立死亡證明書。除此之外的死亡，都會被視為非自然死。」

——那麼，假設發生地點是在東京，有人被年糕噎死的話，也是非自然死亡嗎？

「對，沒錯。外因性死亡，也就是肇因於體外原因的死亡。」

——假如有人腦溢血之後、跌下樓梯死亡，也可能被認為是因病而死，這個狀況你們會如何判斷？

「必須確認究竟是因病發作而跌落，還是被人推落，因此，這個狀況是非自然死亡。我想光是驗屍恐怕還是很難確認死因，此時，若監察醫認為有必要，就會進行行政解剖。」

——刑事訴訟法裡有提到司法解剖這個詞彙，請問二者有何不同？

「死因未知時，根據監察醫的判斷進行解剖的例子，就是行政解剖，若有涉嫌犯罪行為的可能性，就會在檢察官的指示下進行司法解剖。」

——您自身有處理司法解剖的經驗嗎？

「我處理過非常多。」

律師從我的工作開始詢問。這些問題最終將會導向身為法醫學者的大學教授，以及像我這樣的監察醫，二者在工作執行上有何不同。

監察醫的工作就是到現場勘查並進行驗屍及解剖，處理過的屍體無論種類或數量，都壓倒性地比大學教授還要多，在這次的法庭上必須確實傳達這件事。然後以此為前提，再針對雙方的鑑定差異進行詢問；也就是大學教授最初的鑑定結果「病死」，以及我所提出的再鑑定結果「窒息死」。

並且，關於大學教授負責解剖並檢視屍體才完成鑑定報告，以及我是在那之後再鑑定等事實，也會事先確認後才進行後續的詢問。

——在鑑定中多次提到瘀血、溢血點等詞彙，首先我想請教瘀血是什麼？

「由於血液循環變差，導致血液流動不順暢，造成微血管內血液堵塞的狀態，就稱為瘀血。」

——所謂的溢血點，指的是什麼？

「血液堵塞漸趨嚴重，血液往微血管外流，溢血點就是血液往血管外滲漏後造成的現象，就像點狀出血一樣，因為紅血球在肉眼看來是紅色的。」

——你剛剛提到血液堵塞，請問在什麼狀況下，會發生血液堵塞？

「一般來說，猝死時心臟停止之前會產生瘀血。另外，當一個人像被絞殺般勒住脖子，就會產生更嚴重的瘀血。」

——「除了嚴重瘀血以外，多處部位出現為數不少的溢血點，該現象不能視為單純的疾病發作，而應該考慮肇因於更強烈的變化。如果這些溢血點症狀輕微還能說得過去，但是由於狀況相當嚴重，實在無法將之視為病死。」您在鑑定報告裡寫下這段文字，能否請您更加詳細地說明？

「例如，即使脖子被勒住，但心臟沒有異常，所以仍會持續跳動。但是在該狀況下只要無法呼吸，就會造成肺循環的堵塞。這麼一來，會導致肺循環系統的瘀血狀況更加嚴重，瘀血與溢血點的現象便會非常顯著。所以，與疾病造成的心臟病發作相比，被勒死的情況下，會觀察到更嚴重的瘀血與溢血點。」

在法醫學的教科書裡，只記載了窒息死亡和窒息死亡會產生溢血點的現象，並沒有提及其尺寸。但是就如同先前提到的，我從許多經歷過的事例中得知，溢血點的大小有其差異，並且可以藉此分辨死因。

在壓迫頸部、以物理手段阻擋血流的狀況下，產生的溢血點尺寸較大，若是因病發作導致呼吸困難、引發血流障礙，溢血點的尺寸較小。

這是理所當然的現象。但是，教科書和文獻中都沒有相關的記載和報告，我的意見被認為是個人見解，因此難以服眾且可能遭受否定。如果不能讓法官和一般人理解這個道理，就會輸掉這場官司，真相將被埋葬在黑暗之中。

我想要的，並不是只有勝訴這麼簡單。一個人最重要的人權，因為知識不足這種不合理的原因而遭到無視，才是我所害怕的。律師的想法與我相同，因此燃起了我想究明事件真相的執念。

——那麼，關於您判斷死者為窒息死亡，而非心臟病發作死亡，能否指出是哪個部分讓您如此判斷？

「全身有許多程度嚴重的瘀血與溢血點。再來，不只是呼吸系統，甚至上下唇、口內黏膜及食道內膜都出現瘀血與溢血點，實在很難以心臟病發作來解釋上述這些現象。」

實際上，我以證人的身分出庭作證似乎產生了效果，很明顯地改變了情勢，後來，律師更進一步找到某位證人。

此案件的律師出乎意料地熱心。只是，在這場訴訟中，始終單方面地以醫院的說明為優先，連死者的家人也感覺到目前形勢不利。很遺憾的是，至今為止也沒有出現任何支持我意見的人。但是當我出庭作證時，確實感覺到自己的話產生了影響。證人訊問之後，當我正想著如果能再有一位證人，助本案一臂之力就好了，這時候我接到了律師的電話。

「醫生，我發現新的人證。男子在醫院死亡時，最先進行處置的值班醫師是位兼職醫師，我找到了他，並且他願意為我們作證。」

「這樣啊，那真是太好了。」

難道沒有任何辦法了嗎？律師為此到處詢問各家精神科醫院，在他的堅持之下，於某家醫院獲知案發當天值班醫師的消息，經人介紹後，終於見到那位醫師。

「下個月，我會傳喚那位證人，有任何消息我會再聯絡您。」

說完，他便掛上電話。

半年後，律師再次捎來消息。

「醫生，感謝您那時的協助。值班醫師如實供述了案發當天的狀況，他的證詞讓您判斷的窒息死亡，得到了充分的支持。」

當時護理師大聲呼叫，值班醫師趕緊衝入病房。他看見數小時前被注射藥劑而熟睡的患者仍在病房內，不過，原本應該被固定住的雙腳脫離了床鋪，下半身也滑落，患者的頸部剛好卡在固定胸口的皮帶上，形成上吊的姿勢，著實令他大吃一驚。

他急忙放開患者，施以人工呼吸、注射強心劑等救命措施，但是已經來不及了。

死因是患者處於上吊狀態導致的窒息死亡。院方害怕被追究過失責任，因此加以隱匿。但由於發現粟粒大的溢血點，才能解開這次事件的真相。

我讀了判決資料，審判長判斷：「從瘀血和溢血點程度嚴重判定，死因並非病死，而是窒息而死。」

一般來說，這應該是鑑定報告出爐後就宣告結束的事件。本案得以真相大白，除了歸功於我作為證人出庭直接說明，也要歸功於律師多次奔波、找出兼職的值班醫師，並且讓他願意出庭作證。

回想起來，小小的溢血點，竟然成為了解開大事件的關鍵。

想必男子的雙親與妹妹，一定非常開心吧。他們流著淚不斷地向我道謝。

事件之後，每年的盂蘭盆節和過年時，我都會收到謝禮。

有一次，我寫了謝函回覆：「您的感謝之情我已經完全了解，今後請不用這麼客氣。」但是對方仍持續寄來謝禮，並且持續送了十年以上。

兩年前的年終之際，我沒有收到這份長久以來的謝禮，取而代之的，是男子的妹妹寄來的訃聞，通知其父親過世的消息。

從那次的事件之後，經過了二十年的歲月，一切都成為遙遠的回憶。

願這個世界成為一個弱勢者也能安居樂業的社會。

CASE

8

是溺死，還是被殺？

此刻，我剛剛讀完某個民事訴訟的法庭紀錄。

提出告訴的是一間小規模的建築公司，被告則為某家保險公司。

建築公司要求保險公司支付一億元的意外傷害保險金。保險公司則認為建築公司違反了規約，因此不願意支付。

被起訴的保險公司，陳述了不予支付保險金的理由。

另一方面，提起告訴的一方主張，正是因為這個理由才應該支付保險金。

「原告的主張」與「被告的主張」分別被記錄下來。

閱讀這些資料後，可以清楚地知道雙方完全站在對立面。

或許你會認為，畢竟是打官司當然互相對立，不過，如果把自己想像成仲裁的審判長，再來閱讀這些資料，就能站在不同的視角來審視整個案件。

以下先敘述本案概要，詳細的案件內容我稍後會再提到。

兩位彼此認識的同好結伴夜釣。

其中一名男性去自動販賣機購買果汁時，另一名男性不小心跌落海中、溺水身亡。

溺死的男子就是此次提出告訴的建築公司之員工，他以建築公司為受益人，投保了一億元的意外傷害險。

由於保險公司拒絕支付保險金，因此演變為民事訴訟。

我們先從紀錄中，舉出其中一個雙方出現差異的說詞。

關於夜釣溺水事件，被告主張「該男子沒有釣魚的興趣」。

證據是他的住家內並沒有釣具，同住的雙親也不曾聽他提過與釣魚有關的話題，這是被告的主張。

另一方面，原告則主張「男子的興趣是釣魚」。

證據為這次同行的男性，以前就有和溺水男子一起夜釣的經驗。

被告這一方的主張似乎較具真實性，但是一般來說，雙方說詞會在這種事情上完全相反嗎？

例如，以我的經驗來說，因為小時候住在漁民小鎮的關係，即使來到東京生活，我還是會帶兒子去釣魚，所以不能說完全沒有經驗，但是釣魚也算不上我的興趣。

如果我是那位死亡男性，原告和被告到底又會如何主張呢？

然後，被視為事件動機，即與公司經營狀況相關的主張，雙方的說詞也完全不一致。

被告的主張如下。

「男子積欠公司社長超過數千萬的債務，為了償還才在建築公司工作。另外，公司方面有高額負債等問題，經營上也是苦苦掙扎，因此，有為該社員投保，並加以殺害的動機。」

另一方面，原告則提出反駁。

「公司在事故發生時，已經藉由股票交易等途徑獲取利益。公司不只正常支付男子所有工資，另外，也以業務活動費用等名目，支付他十到二十萬的費用。明顯地，公司並沒有讓他以犧牲生命的不當方式，來償還債務的動機。」

用俚語來形容，根本就是「公說公有理，婆說婆有理」。

無論如何，當事人都已經被晾在一邊，只有周遭還七嘴八舌地各說各話。

透過週刊雜誌的訪談就能發現，當某人引發事件時，有人會回答「我沒想到他會做出那麼殘忍的事情」，同時，也會有人說出「我一直覺得他很可疑，聽到這件事情時，我就覺得果然沒錯」這種完全相反的答案。

我讀完資料後再次認為，這類案件才更是需要仰賴「屍體說的話」。

即使是同一件事情，因為周遭理解的方式不同，就會造成巨大的差異。

即使是同一個人，在開朗的人眼中看來溫順，但嚴謹的人卻覺得吵鬧，這是因為觀者不同，產生的印象也會大異其趣。

但是，「屍體」絕對不動搖，只會講述一個真相。

我接到保險公司打來的電話，希望找我商量一件案子。

保險公司與個人不同，事情發生之後，公司內部會有專門的負責人進行相關調查，如果判斷後認為情況不對，只能上法庭爭取時，才會委託鑑定以作為證據之一，因此電話裡只會先約好會面的時間。

這次也一樣，保險公司的員工與律師帶著資料，一同到我家拜訪。

在本章開頭簡略提及的事件，詳細案情敘述如下。

某位男性與友人一起去夜釣。同行男子因為口渴，中途為了買果汁而離開夜釣現場，前往附近的自動販賣機。

大約十五分鐘之後，當他回到現場，發現朋友倒臥在水深二、三〇公分的岩場，已然身亡。

現場只有他們二人，沒有任何目擊者。

為了確認本案是否為犯罪事件，警方委託大學裡的法醫學教室進行司法解剖。

解剖後做出的結論是「溺死」。

男子在漆黑的岩場裡移動時滑了一跤，整個人往前跌倒、撞到頭部，導致昏迷後溺水身亡。

當時下著雨，也沒有打鬥的痕跡。

警方根據現場勘查結果及證詞，判定男子為「事故傷害死亡」，便終結了本案。

死亡的男性是建築公司的員工，公司在兩家不同的保險公司分別為他投保了一億元的意外傷害險，而且簽訂的契約都一樣：若男子在一年內因事故死亡，保險公司必須支付一億元的保險金。這種契約就類似在旅行中如果遭遇意外事故則支付一億元的旅行保險，通常適用於從事高度危險工作，或者身處危險職場的工作者。

建築公司在男子死亡一週後，向保險公司請求支付保險金。當時投保的兩家保險公司，其中一家公司認為這是事故，所以已經支付保險金了；但是到我家商量再鑑定的這家公司，則是在調查相關背景之後，發現建築公司債台高築等疑點，因此拒絕支付。

事實上，這起事件發生於一年前的春天。

建築公司在同年秋天提出告訴，而保險公司到我家拜訪已經是隔年一月的事了。

「從頭到尾的資料都已經蒐集齊全了，請醫生參考並確認是否接受委託。

後續能請您聯絡我嗎？」

資料包含現場周邊的採訪，內容十分詳細。

「我知道了。」

我如此回覆保險公司的員工，當天的討論也到此結束。

這時，我突然察覺到一件事，試著詢問對方：「這麼說來，你們有屍體的照片嗎？」

「屍體的照片啊……」

他一邊說，一邊取回交給我的資料，稍微翻找之後，便將一張照片遞到我面前。

「是這個吧。」

「啊，非常感謝。」

那是一張溺斃男性的臉部照片。

看著那張照片，我回覆道：「這次的案件，我想我可以協助。」

「咦？」

站在我身邊、一起看著屍體照片的保險公司員工，突然驚訝地抬起頭，然後注視著我。

他會感到驚訝是有道理的。因為一般來說，我的原則是在詳查鑑定報告之後，才會回覆案主能否依照他們的意願進行鑑定，而他也相當理解我的做法。

「可以嗎？」

他的臉上寫著：「醫生，不再更詳細調查就接受委託，這樣沒問題嗎？」

「當然，請讓我再仔細地鑑定一次。」

之所以可以立刻回覆對方，是因為我看了照片一眼，就發現屍體與單純溺斃有著明顯的矛盾之處。

能夠明顯到這個地步，也實在相當少見。

屍體簡直是「雄辯滔滔」。

當然，雖然說馬上就看出來了，但是後續的鑑定也不能馬虎。既然決定徹底調查，保險公司的員工離開之後，我便向那堆資料伸出了手。

由屍體的相關報告可以得知，男子的前額曾經遭受撞擊。最大的傷口在額頭上，是一個雞蛋般大的撞傷。

解剖結果也顯示男子的前額、顏面有損傷，手腳也有些許的擦撞傷口，但是怎麼看，這些傷口都不足以造成昏迷。

受傷的程度大概就是，即使一瞬間失去意識，當臉部浸泡在水裡、感到痛苦時，應該就能清醒過來自行防禦。

那麼，男子究竟是如何死亡的？

乍看之下，男子的額頭和臉部有許多擦傷。

如前所述，他的額頭上有一個雞蛋般大的撞傷，警方認為這就是造成男子死亡的致命傷。

在空無一人的午夜海岸，碼頭已然崩場，在海水拍打的岸邊，有一些岩石與混凝土塊。他們就在這些石塊的縫隙間夜釣。鑑定報告裡也記載著，男子在這個地方向前跌倒撞到頭，失去意識後溺水身亡。

男子的溺水處是水深二、三〇公分的淺灘。在那裡，男子以趴臥之姿漂浮於海面。如果他真的在這裡跌倒並一口氣失去意識，其實只要有一個比較大的傷口就足夠了。

那麼，額頭附近大大小小的擦傷，又是怎麼造成的？左右邊的臉頰也有傷痕，很明顯地，並不符合目前的案發敘述。

以下是我推測案發當時的狀況。

某個未知的第三者，在伸手不見五指的黑暗之中，襲擊了男子。他按住男子的後腦勺，把他的臉緊緊壓入海裡。當然，因為無法呼吸，男子痛苦地不斷掙扎。

由於該處是淺灘的關係，砂礫和岩石就緊貼在男子的臉部下方。為了讓臉浮出海面，他用盡全力掙扎，結果導致臉部摩擦海底的砂礫及岩石。

不久後，男子在海面上吸入海水，因窒息而氣絕身亡。此時，這位第三者只要放開手，男子的屍體被發現時，就會維持漂浮於淺灘上的狀態。

根據屍體狀況冷靜解讀，就能夠推測出這是最正確的判斷。

我在詳細評估之後完成意見書，內容如下。

「根據執刀醫師的解剖鑑定報告，顏面上半部雖然發現損傷，但傷口極其輕微。最顯著的外傷在右前額，是一道由左上延伸至右下的斜線擦撞傷，該傷勢造成了一個雞蛋般大的挫裂傷口。從傷口看不到頭蓋骨，解剖報告也記載著男子並沒有顱骨骨折或骨骼龜裂的狀況。此外，男子也沒有腦部病變及其他外傷。但是，報告卻推測男子溺水的原因，是頭部遭到強烈撞擊失去意識。」

首先，我揭露該傷口不能被視為致命傷的理由，接著才提到溺斃會出現的相關狀況。

「溺斃的狀況，有淹沒於水中及浮在水面這兩種狀態的溺死屍體。如果溺水時，將水吸入呼吸道，一旦肺裡的空氣被水擠出，就會失去浮力，導致身體沉入水中。

若沒有吸入大量的水就死亡，屍體則會呈現浮在水面的狀態。

本案屍體被發現時，是漂浮於水面上，因此可以確定是吸入水量少的溺死屍體。

並且，在死者的手肘及膝蓋部位，集中發現了許多伴有小範圍皮下出血的瘀傷。將這些傷口解釋為男子在岩場滑倒一次所造成，也會產生矛盾。」

我追加敘述其他由屍體所見的現象，說明死者並非單純溺死，而是被人壓住後腦勺，導致吸入海水、遭到殺害，我認為這個解釋與屍體的狀況才相符。

但是，對方可能會這樣反駁。

「那些損傷是在溺水後造成的，屍體當時呈趴臥狀態浮在海面上，隨海浪漂流時，身體正面因為摩擦淺灘水底的岩石及砂礫造成損傷。這也是一種可能，不是嗎？」

關於這一點，我能夠明確地否定。

如果傷口是那樣造成的，就是死後損傷，應該不會引起「生活反應」。

但是，從屍體的狀況來看，這些傷口都有生活反應的痕跡。

所謂的生活反應，指的是皮下出血或化膿等，只有生者的身體組織才有可能發生的變化。由此可以明確得知，被害者的傷口都是生前的損傷。

「托醫生的福，我們終於打贏官司了，非常感謝您當時的幫助。」

我提出意見書時，對方沒有任何回覆，那之後過了兩年的時間。

這段期間，我每天都被雜事追著跑，連這件事情本身都已經被我拋諸腦後了。當然，有些案件我一聽就能馬上想起來，但想不起來的狀況也不少。

我的工作是負責完成鑑定報告並提交給委託人。在很罕見的狀況下，當對手也提出其他法醫學者的鑑定報告，我會針對該內容提出意見書，然後對手再針對我的意見書反駁，經過幾次來回，最後也有可能需要我出庭作證。

如果是這種狀況，我可能會有幾年的時間涉入同一個事件，但是大部分的案件都是提出鑑定報告後就結束了。從接受委託到提出鑑定報告，大概需要一個月左右的時間，極端地來說，我與屍體之間的往來就是這麼短暫。

「上次那個案件，之後怎麼了呢？」如果我自己沒有主動詢問的話，訴訟是輸是贏、自己的鑑定結果派上多少用場，這些事情都會在我不知情的狀況下走完流程。

與律師費不同，鑑定費用並不包含成功報酬，所以類似上述這種趨勢或許更加強烈。說到底，我的鑑定就只是法庭上的一個證據而已。

「為了向您道謝，我想前往拜訪。」

當時，對方少見地打來這樣一通電話，我想應該是心情相當愉悅吧。

前來拜訪的負責人和我聊到案情，讓我得以閱讀法庭紀錄。

負責人開心地特意來我家拜訪是有理由的，我的鑑定判斷似乎大大左右了判決走向，成為將官司導向勝訴的決定性關鍵。

事實上，讀了法庭紀錄後，我也很清楚地了解到這一點。

在本章開頭曾經提到，雙方的意見無論如何就是兜不起來。一方主張「釣魚不是他的興趣」，另一方卻主張「釣魚是他的興趣」；一方主張「他為錢所困」，另一方卻主張「他沒有金錢方面的煩惱」。

在這當中，唯一明確的，就是我指出「男子並非單純溺死」這一點。

我在意見書中「總結」如下，並且同時署名。

「本案死者損傷的成因，以法醫學的角度來分析，即為『被迫趴臥於淺灘，同時後腦勺等部位遭到壓迫，導致引起痙攣後溺斃』，這能夠毫無矛盾地解釋男子死亡之前的事件經過。」

除了做出此結論，我在意見書最後額外加上一段文字。

「至今為止都認為死者是因為疏忽而跌倒溺斃，但維持該判斷是否妥當？或者，應該考慮本案可能是有第三者介入的刑事案件？我認為有再次評估的必要。以上。」

這是我想指出的重要視角，同時也希望事件能夠盡快有進展。

保險公司聯絡我，告知「獲判勝訴了」。

沒多久，在日本全國發行的五大報，皆大篇幅地報導了這個事件。

活躍於報上的新聞，報導標題的文字為何？

那就是「事故傷害死亡　民事判決為『殺人』」。

再次閱讀法庭紀錄等資料後，我發現這起案件意外地複雜。關於事件的背景，我知道的僅僅是表面。畢竟，我只負責「從驗屍報告來鑑定死因為何」這項工作而已。

雖然需要知道男子是在什麼情況下前去夜釣，但是男子的興趣究竟是不是釣魚，基本上與鑑定死因沒有什麼關係。

死亡男性任職的那間建築公司，該社長一邊借錢，一邊為男子投保。另外，這名男子也和社長借了許多錢。

死亡男性與友人一起夜釣的稍早之前，該友人正在和社長認識的暴力團成員吃飯。然後雙方發生糾紛，友人陷入無法違抗對方命令的狀況，推測他在事件前後採取的行動，都是依照暴力團關係人士的指示進行。

另外，根據新聞報導，縣內警局按照保險公司指出的疑點再次著手調查，由於懷疑本案為殺人事件，便聽取了社長、友人等的供詞，但是嫌疑犯仍未被逮捕。

暴力團的關係人士，或是與他關係相近的某個人，那時在自動販賣機附近等待，等到死者的友人去買果汁後，便將男子殺害，並讓他看起來像是溺水身亡。算準現行犯離開現場的時間，友人才返回，接著發現溺斃男性的屍體，並向警方通報。類似這樣的情節也是有可能的。

但是，這裡有一個很大的問題。

「至今為止都認為死者是因為疏忽而跌倒溺斃，但維持該判斷是否妥當？或者，應該考慮本案可能是有第三者介入的刑事案件？我認為有再次評估的必要。以上。」

我在意見書裡指出這一點，原因就與此相關。

怎麼說呢？關鍵在於當時我鑑定此案件，它並非刑事訴訟而是民事訴訟。簡而言之，我的鑑定只是為了確定本案沒有支付保險金的必要，並非為了確認男子是否遭到殺害。

如果警方針對這個案子委託我進行再鑑定，結論我會這麼寫：「本案並非單純的溺斃事故，男子遭人壓入水中，意圖殺害後溺死的可能性相當大。」

在民事判決上，建築公司申請支付保險金的請求被駁回了。由於保險公司不需要支付保險金，我的鑑定可以說已經達成了原先的目的。

事實上，委託我的保險公司對於這個結果也十分開心，關於這一點真是太好了。不過，對我來說卻無法釋懷，也無法純粹為此感到高興。

這是因為我鑑定的那具屍體正控訴著：「我被某個人從背後襲擊，後腦勺被壓在海面上，我是被殺的！」

但是，我卻無法直接指出這一點，這讓我感到十分著急。

先前接受民事判決、把事件當作事故處理的警方，此刻正慌慌張張地再次展開調查。國家權力在承認自己錯誤的情況下，不得不再次進行搜查，這也是不爭的事實。

之所以特地提起我在這次事件中感受到的空虛，是因為我認為這將會成為改善日本法醫學界的契機，並對此深信不疑。

「我是被殺的。」

屍體拚了命地說著。應該聽到屍體聲音的人卻沒有聽到，對我來說，這是多麼令人心急的事，死者也因此無法成佛。

我最想守護的是亡者的人權，在這一點上，我們還有做得更完善的空間。

如果從一開始就不是以事故來處理，而是視為一樁殺人案件的話，那又會如何呢？

警察會把事件視為保險金殺人案件，派遣搜查人員到處調查，並確保證據、搜尋犯人，或者不斷重複現場勘查，應該會如此縝密地進行吧。

如果一開始就能這樣處理，此刻，整個事件的狀況便會大大不同。

在最初的階段，那位負責屍體鑑定的法醫學大學教授，犯下很大的錯誤。

因此，儘管該屍體的狀況相當容易判斷，事件的真相卻仍被隱蔽，無法公諸於世。

「不行喔，這不是單純的溺斃事件，不仔細重新搜查是不行的。」

法醫學者透過驗屍及解剖的過程，必須看穿事件真相，並且明確地揭露。

這個事件告訴我們，驗屍與解剖有多麼重要。同時也讓我們知道，為了正確地解明真相，法醫學者肩負的任務是如何影響重大。

我希望警方會為了自清，自行挖掘真相，讓犯人有被逮捕的一天。

我期待在多年後的某一天，能看到「夜釣事件的嫌犯已遭逮捕」的報導。

藉由電視等大眾媒體關注案情，警方也會為此動員，在這一點上，或許也能借助報導的力量來向世人提起訴求。
我懇切地盼望，這一切都能成為讓事情好轉的契機。

CASE

9

哥哥的眼淚

這次的委託人是妻子的友人所介紹。他剛好住在同一區，據說有事想和我商量。在電話中，我聽他說明整件事的原委之後，問他是否已經諮詢過律師。

會這樣問對方的理由，在之前的章節裡已提過，這裡就不再贅述。另外，也是因為有許多人誤以為我的工作與律師類似，會和當事人一起站上法庭並肩作戰的關係。

的確，在某些情況下，再鑑定的結果確實會成為最大的武器。但是，那也只是訴訟時，用來協助正確判決的材料之一罷了。以現今的日本來說，如果想要勝訴，無論如何都必須借助律師的力量。

「首先，請您先和執業律師商量。如果商量後認為還是需要我的鑑定，請再聯絡我。」

在沒有律師的狀況下，即使有我的鑑定，也無法百分之百發揮它的力量，我通常會如此告知對方。這次的案主是透過一位照顧過我的人來委託，雖然對方還沒有找律師商量，但我還是難以直接拒絕。

「那麼，總之先見個面，再向您詢問詳細的情形。」

回覆對方後，我掛上了電話。

當天，委託人與他的妻子相偕前來我家拜訪。

「麻煩您了。」

這位委託人深深地低下頭，不過，以第一印象來說，他看起來就像是個笑臉盈盈的善良老爺爺。他的妻子也是一個看似樸素、毫不搶眼的人。

「醫生的書我幾乎全部拜讀了。」

「啊，那真是相當感謝。」

這對夫婦表示他們都是我的熱情讀者，但感覺不只是我的書，他們對一般時事的涉獵也很深，給人一種理性的印象。
可能是長年事業有成的緣故，他們看來有自己的堅持，是絕對不會感情用事的類型。
因此，當時的我完全沒想到後來竟然會發生那樣的事，甚至大大改變了我對他們的印象。
「我想如果是醫生的話，一定可以助我們一臂之力。」
「哪裡、哪裡，不敢當。那麼，關於這次的事件，能不能再詳細地說明一次呢？」
「好的，請多多指教了。」
他收斂心神並端正坐姿，以平穩的語調娓娓道來。

事件的主角是他住在遠方的妹妹。

那天一大早，丈夫出門上班後，她發現丈夫忘記帶東西，就這樣放在客廳裡，於是匆匆忙忙地衝出家門、前往車站。幸好，她追上了丈夫，把東西安全地交到他手中之後，才鬆了一口氣返家，途中卻遭遇事故。

街上幾乎沒有行人，她在十字路口轉彎，沒走幾步路就倒在地上，隨後才被剛好經過的路人發現。她就在昏迷的狀態下，被送往醫院。

趕到現場的警察查看了現場及她倒地的狀況，推測是一起肇事逃逸事故。警方立刻下令緊急動員，並到周遭一帶搜查，但那已經是距離事件發生好幾個小時之後的事了。

那家醫院的醫師診斷，雖然她當時跌倒在地，但並不是因為受到交通事故衝擊，而是內因性蜘蛛膜下腔出血發作的關係。接獲此通報後，警方解除了緊急動員的部署。

當時，這位前來諮詢的哥哥，從東京出發前往妹妹入住的醫院。

聽說事故發生後，哥哥立刻接到通知。

妹妹居住的鄉村就是兄妹二人的故鄉，哥哥在舊制中學校畢業前也住在這裡。後來，妹妹在當地結婚，繼續在此生活；哥哥則前往東京就職，因此，他們很少有見面的機會。

那一天，哥哥花了七、八個小時的時間，終於在深夜趕到醫院，當時，許久未見的妹妹仍處於意識不清的昏迷狀態。

雖然院方解釋了事情的經過，但聽完說明之後，依舊無法消除他的疑慮——真的不是交通事故造成的嗎？

處於昏迷狀態的妹妹躺在病床上，哥哥在從棉被裡伸出來的手背上，看到一些細微的擦撞傷。

他無法停止懷疑可能是交通事故導致妹妹受傷，為了保險起見，他捲起妹妹的衣袖，拍下她腳踝處的皮下出血及一些細微的擦撞傷。

過了一夜之後，這份不信任感不但沒有消除，反而逐漸擴大。

哥哥愈想愈疑惑，便前往妹妹摔倒的事故現場，拍下了現場的照片。他甚至自行到附近的住家詢問，是否有人在該時間點聽到車輛發出的異常聲響，或者有沒有事故的目擊者，但是沒有任何斬獲。

哥哥因為工作的關係，三天後就必須回到東京。雖然他十分掛念妹妹的狀況，卻只能帶著依依不捨的心情返回東京。

七天後，妹妹在昏迷狀態中過世。哥哥接到訃聞後，身著喪服，再次前往妹妹的身邊。

另一方面，在那之後警方做了些什麼呢？

最初的幾個小時，警方為了圍捕肇事逃逸嫌犯，於是緊急部署，但接獲醫師通報診斷結果為生病而非事故之後，立刻解除了包圍網。

不過，來到現場的警官也擔心可能是交通事故，為此覺得不安，所以即使死者被診斷為病死，保險起見，他仍然讓遺體進行了司法解剖。

解剖有司法解剖及行政解剖等不同程序，司法解剖隸屬犯罪搜查的一環，因此警方應該是在這個時間點，就已經認知到本案仍有諸多疑點。

負責司法解剖的，是任教於當地國立大學的一位法醫學教授。

解剖完成後，教授發現右側頭部有撞擊後的傷口，向警方說明死因是「因交通事故引發外傷性蜘蛛膜下腔出血」。

最初送去的醫院，診斷其為內因性蜘蛛膜下腔出血。

死後經大學教授進行司法解剖，診斷為外因性蜘蛛膜下出血。

也就是說，兩方出現了完全不同的診斷。前者判斷是病死，後者則顯示本案為肇事逃逸事件。

兩者的診斷結果可說是雲泥之別，具有足以左右命運的巨大差異。

法醫學教授對包含哥哥在內的家屬，進行了相同的說明。

「果然是肇事逃逸啊。接下來，就拜託警方逮捕犯人吧。」

因為自己的預感成真，哥哥放下心來，他認為如果是肇事逃逸事件，警方一定會協助解決，然後抱著這樣的期待返回東京。

像這種不確定是案件、還是事故的狀況，就算翻案二到三次也很正常。

在和歌山市發生的和歌山毒咖哩事件，就是類似的案件。

大家吃了夏日祭典中提供的咖哩之後，馬上紛紛反應味道怪異、口感刺麻，與一般刺激性強的咖哩不同。

同時，許多人出現了嘔吐、腹痛的症狀。由於是地方性的夏日祭典，事發後有些人便搖搖晃晃地走回家，但是也有吃了咖哩後，立刻在現場發生痙攣現象或是無法動彈的人，因此引起了一陣騷動。

結果，演變為一起大事件，共計造成六十七人送醫急救，其中四人不治身亡。

一開始，當地衛生所的醫生認定這是一起集體食物中毒事件。因此，後續各方都朝著食物中毒的方向處理。

但是，很快地有人指出，如果是食物中毒，患者不會在吃下食物之後立刻產生症狀，警方因而著手調查被害者的嘔吐排泄物。後來，在嘔吐物中化驗出氰化物的成分，事態演變為一起刑事案件，警方還成立了特別犯罪搜查本部。此外，由於出現死者，檢調單位便進行司法解剖，確認死因為氰化物中毒，並向社會大眾宣布此一消息。

案發三天後，我以電視台評論員的身分進入現場。

到了現場後，我被引導至祭典廣場，由於當時判定是氰化物中毒，我便觀察嘔吐物附近的地面，卻沒有發現昆蟲的屍骸。根據我長年擔任法醫的經驗，在氰化物中毒的嘔吐現場，大多伴隨著蒼蠅和螞蟻的死亡。

雖然我懷疑本案是否確實為氰化物中毒，但是警方與負責司法解剖的大學皆如此判定，似乎也沒有質疑的空間。

我一邊覺得可疑，想著到底哪裡出了問題，但仍然以氰化物中毒為前提，繼續進行評論工作。

就在七天後，有人指出被害者的症狀與氰化物中毒不符，隸屬於日本警察廳的科學搜查研究所再次進行化驗，最終將毒物更改為砷化合物。最初判斷是食物中毒，沒多久馬上變成氰化物中毒，過了一個禮拜後，再次改為砷化合物。

警方的搜查方向也因此被擾亂，不斷地轉彎再轉彎。一再更改的情報除了影響當地，更讓全日本陷入騷動。

之所以混淆毒物，我認為應該是不熟悉氰化物初步檢測的判定方式而導致。氰化物初步檢測在法醫學上稱為氰化物定性分析（Schönbein Pagenstecher Method），方法是用白色的試紙浸入試液進行檢測。

試紙一旦接觸到氰化物會立即反應，變化為藍色。

但是，即使不是氰化物，只要把試紙放置在空氣中約四到五分鐘後，也會慢慢地變為藍色。

不清楚這一點的人在測試時，很可能因為試紙變色就做出錯誤的判斷。恐怕原來的檢測結果為陰性，但是因為不清楚其特性，就誤解了判斷的方法。

一般來說，初步檢測呈陽性的狀況下，要立刻進行確認試驗，在這之後，官方才能正式宣布結果。但是，和歌山毒咖哩事件卻是在初步檢測結束的階段，就公布毒物為「氰化物」，這種行為實是造成混亂的元凶。

祭典隔天，負責司法解剖的醫師也診斷被害者是氰化物中毒死亡。同樣是因為在初步檢測時，雖然沒有立即看到試紙變化，但經過四、五分鐘後，試紙顏色漸漸變為藍色，因而誤診。

氰化氫氣體肉眼看不見，但在解剖時，切開胃袋後會立刻產生氣體，執刀醫生吸入時會引發頭痛，當下就能判斷毒物為氰化物。一旦胃袋攝取的氰化物達致死量時，會導致潰瘍使胃部紅腫。健康的胃袋呈白色，而砷中毒的狀況並不會造成黏膜潰瘍。像我這樣的監察醫能夠做出上述判斷，但是在沒有監察醫制度的地方，由於幾乎沒有氰化物自殺者的解剖經驗，產生類似的誤判也並非不可能。

像這樣不斷更改檢驗的結果，只會導致搜查陷入極端混亂的狀態。首當其衝的就是家屬，然後警方也會亂成一團，如果剛好又是著名事件，就會對全國造成相當大的騷動。

讓我們回到本章開頭的案子上，當兩種不同的結果出爐時，該如何是好？

醫院的醫師診斷為內因性蜘蛛膜下腔出血。

司法解剖的結果卻是外因性蜘蛛膜下腔出血。

法醫學是專門調查屍體的學科。從這個角度來看，無庸置疑地，將會以司法解剖的結果為優先考量，但是當臨床醫師與解剖醫師兩者的判斷相差太大時，警方仍然會請雙方個別詳細說明。

臨床醫師反覆主張患者為內因性死亡，即肇因於疾病發作。

解剖醫師則堅持先前的說明，主張是外傷性死亡，即肇因於交通事故。

雙方各說各話，誰也不讓誰。於是，警方改變了提問的內容。

「被害者頭部遭受的撞擊，到底是車禍造成，還是發病後倒在路上造成的？你能分辨出來嗎？」

聽完之後，解剖醫師稍微想了想，回答如下。

「雖然說是交通事故引發，但並未觀察到與車輛激烈衝擊的外傷，所以解釋為因發病倒在路上，導致頭部遭受撞擊也沒有矛盾。」

他的這番說明正好迎合了臨床醫師的見解。

警方後來決定重啟調查這樁疑為肇事逃逸的案件，由於已經過了一段時間，中間還一度被視為病死，情況相當混亂。即使再次進行調查，也沒有蒐集到任何目擊情報，現場已人事全非，並沒有任何新的發現。

本案有一段時間被視為病死事件，過了十天之後，才下令重啟交通事故的調查，負責的警官實在難以回天。

死者的哥哥相當擔心事件的進展，多次致電詢問當地警局，但對方總是回覆「還在搜查中、目前沒有任何進展」。

結果，因為負責司法解剖的大學教授也迎合臨床醫師的意見，警方便以「內因性蜘蛛膜下腔出血」終結本案。

得知這個消息後，哥哥相當驚訝。

無論是解剖後的說明或之後收到的鑑定報告，都認為這是一起交通事故。不過，這次收到的意見書上卻寫著「診斷為內因性死亡也沒有矛盾」。

哥哥多次要求與大學教授見面，同時也寫信追究為什麼將診斷結果由外因性改為內因性，這難道不奇怪嗎？只是對專家來說，素人的反駁根本不足掛齒。另外，哥哥也直接向警方撤回前言的決定表達不滿，但一樣毫無進展。

於是，他開始以自己的方式蒐集證據。

妹妹手腳上的外傷，有著並非跌倒就能造成的傷口，雖然警方在事件剛開始懷疑是汽車肇事，哥哥卻認為肇事車輛或許是摩托車。他舉出各式各樣的疑點，並尋求警方幫忙釐清，但一樣不被理會。

無法繼續等下去的哥哥，決定尋求檢察審查會的協助。在日本，如果對警方的處置不滿，便可以利用這項制度向該會申請審查。

之後，過了半年以上的時間，審查會的結論出爐了。

結論是，警方的判斷確實沒有問題。

審查會的形式與一般訴訟相同，不過只會審查警方提出的案件資料，因此判決被推翻的狀況並不多。

此時，亡妹的丈夫也對他說：「哥哥，我希望就此打住吧。畢竟我在這裡生活，如果一直和警方有衝突，在別人面前會很沒面子。」

哥哥陷入了進退維谷的兩難。

他與妻子來找我商量時，是向檢察審查會提出異議，並且接獲審查結果之後的事情。

夫妻第一次來訪，聽完他們的敘述後，我心裡大概就有底了。

第二次的拜訪，哥哥獨自前來，將事件從頭到尾說完一遍後，接著表示：

「醫生，我不甘心。」

這句話開啟了抨擊的砲火，他對於警方與國立大學教授不誠實的態度，爆發強烈的不滿。

「明明是法醫學者卻迎合警方。警方的言行也漸漸帶給我這種感覺：似乎只要以病死結案，事情就結束了，現在開始找犯人實在太麻煩。」

他憤怒地控訴著，而我因為還沒有取得任何資料，無法提供具體的幫助，雖然可以理解他的心情，卻沒辦法給他進一步的建議。

哥哥第三次來訪時，帶來了各式各樣的資料，包含警方的調查紀錄、大學教授的鑑定報告及後續的意見書等。

在這些資料裡，也有他親自拍攝的現場照片，以及妹妹傷口的照片等。我深切地體會到，這位兄長對妹妹的感情有多深刻。

「那麼，請讓我仔細地拜讀這些資料，如果有任何幫得上忙的地方，我會再聯絡您。」

「醫生，萬分拜託了。」

他帶著依賴的目光，懇切地拜託我，之後便離去。

我讀了負責司法解剖的大學教授提出的鑑定報告和意見書之後，內心感到羞愧。這是同樣以法醫學為業的人做出來的事嗎？我覺得相當失望。

原先，警方要求進行司法解剖程序時，用意就是希望分辨導致死亡的原因，究竟是內因性或外因性。

大學教授解剖之後，明明診斷為外因性，不知何時，卻將說明改為「診斷為內因性死亡也沒有矛盾」。

身為法醫學者的大學教授，就好像要討好誰的意見似地更改了判斷，這件事本身就算被批判也無話可說。作為守護死者人權的法醫學者，竟然抱持這樣的態度，不僅缺乏鑑定的資質，甚至可以懷疑他的人格。

那麼，到底哪一邊才是正確的判斷？是內因性蜘蛛膜下腔出血，還是外因性蜘蛛膜下腔出血？

根據醫學報告指出，內因性蜘蛛膜下腔出血的案例，大部分肇因於顱內底部的動脈瘤破裂。

雖然少見，但也可能會找不到該動脈瘤。這種情況下，我們可以將有色水注入基底動脈，此時有色水會從破裂的血管漏出，就能藉此確認出血的部位。這就是內因性的狀況。

而外因性的狀況，由於外力施加在頭部，使頭蓋骨內的腦部搖晃，造成腦挫傷或腦表面血管破裂，引起蜘蛛膜下腔出血。所以在這種情況下，顱底是沒有動脈瘤的；就算有，也不會有血管破裂的現象。

因此，要確實分辨兩者是辦得到的，沒能做到這一點，只是知識與經驗的不足。

這次的屍體解剖及其鑑定結果，就是所有混亂的源頭。

「我想我應該幫得上忙。」

面對坐在眼前的被害者的哥哥，我如此回覆道。

「非常感謝您。」

他邊說邊低下頭，一直沒有抬起頭來。

或許是因為第一次找到願意幫助他的人，所以格外開心吧。

「沒問題的。」

他仍然低著頭，我把手放在這位諮詢者的肩膀上。忽然，我發現淚水從他的眼中滴落在地板上，跟著我鬆了一口氣。

回想起來，為了死去的妹妹，他已經花了好幾年的時間，拚命地四處奔波，卻每每遭到否定。

從警方到大學教授、檢察審查會，甚至連妹夫都無法理解他的心情。一直以來，他為了妹妹，隻身一人與國家權力對抗著。

對他來說，在這樣的絕境當中，得到我這個協力者，應該就像抓住了最後一根稻草。

他終於抬起頭來。然後，深深地握緊了我的手。

「醫生，太感謝您了，我真的……」

他流著淚，開始訴說自己為何堅持至今。

事情要追溯到日本在戰爭中強烈標榜的「為了國家」。

「戰時，我為了國家，秉持滅私奉公的精神，志願成為神風特攻隊的一員。我認為自己的生命屬於國家，為了國家，我願意竭盡全力完成我能做到的所有事情，抱著這樣的覺悟，我一路戰鬥下來。但是，那個國家，現在連傾聽我的話都不願意。這就是國家嗎？」

後悔、憤怒……眼淚不斷地溢出他的眼眶。

我也出生在同一個時代，完全能理解他的心情。

不管在任何時候，國家都必須善待人民。

「我完全理解。我會在近期整理好我的意見，我們一起努力吧。」

經過我再鑑定之後，完成了這份意見書。

「在右小腿正面稍微偏下之處，有一處拳頭大小的青紫色皮下出血。中央可以觀察到一道蒼白的帶狀壓迫痕跡，看起來像是撞擊到某種圖案的外傷。

推測該外傷是被帶有較硬的圖案之鈍體，強力撞擊右小腿而造成。

因此，也許是遭到上述物體撞擊右小腿，或相反地，是右小腿主動衝撞該物體。

這可能是交通事故帶來的強烈撞擊，或者從高處跌落所造成，如果只是跌倒，絕對不可能造成這樣的損傷。

特別是自己跌倒的狀況，多數伴隨頭部、膝關節及肘關節等部位的擦撞傷，很少會產生小腿正面或側面的強力擦撞傷。

另外，兩側頭部也有撞傷，實在很難解釋為單純因為跌倒而造成。不如說，這是某個帶有加速度的外力作用在死者身上。

遭受撞擊時，手或手臂會擋住頭臉，因此，該部位的表皮是受到保護的。如果連做出這樣的防禦手勢，都還是引起外傷性的蜘蛛膜下腔出血，可以想見外力的強度有多大。

基於上述理由，我大力反對檢察審查會之結論，即『由於沒有證據證明女子遭遇交通事故，判斷有極高的可能性是因為身體狀況驟變而自己跌倒』。」

然後我在「總結」欄位裡寫下：「根據屍體所見徵象（右小腿正面的皮下出血、兩側頭部撞傷），以及司法解剖的死因（外傷性蜘蛛膜下腔出血），可以明顯地看出，死者遭到較強的外力作用之後跌倒在地。將這些現象結合現場狀況一起評估，判斷死者的傷勢很可能是與腳踏車、機車或其他種車輛接觸後，導致的交通外傷。至少，對於檢察審議會『內因性蜘蛛膜下腔出血導致跌倒在地』此一結論，我要表達強烈異議。」

被害者的哥哥把這份鑑定報告發給警方等相關人士，並頑強地不斷訴求，但是事情已經太遲了，由於是在檢察審查會完成最終判定之後才提出，所以我的再鑑定報告未被採用，最終還是揮棒落空。

十幾年前，這一樁以病死來處理的案件，最終仍然無法再次重啟調查。

他的拚死努力並未得到回報，一切都結束了。

在那之後，這位兄長抱著遺憾，於三年前離開人世。

此事件就像社會運作過程中，那些極其正當的理論卻被淹沒了一般，令人難以釋懷。

到現在，偶爾我還是會經過他家附近。

每次經過，總會想起那個為了不讓妹妹留下遺憾、拚命努力的兄長，想起他那溫柔的眼淚。

後記

蘋果從樹上掉下來，牛頓看到的不是蘋果落下，而是蘋果被引力從樹上拉了下來。不管由誰來看，看到的都是蘋果落下這回事，也沒有人認為那有什麼錯，可是，牛頓卻可以用萬有引力的科學理論加以說明。即使到了現在，以引力來表達該現象還是讓人感覺不協調，比較普遍的說法仍是蘋果落下一詞。

科學是究明真相的一門學問，因此它不帶風趣、也沒有情緒，不允許任何模糊空間與妥協。正確精準地觀察某一自然現象，並以理論來說明，科學就是這樣的一門學問。

用法醫學鑑定來比喻的話，觀察到蘋果落下的人是第一鑑定人，而牛頓相當於第二鑑定人。雙方在法庭上互相爭論究竟哪一方正確，最終結果則由法官判定。因此，所謂的再鑑定，從一開始就必然伴隨著紛爭。

法律中所謂的鑑定，是為了輔助具有學識經驗的法官及其判斷能力而存在，因此，必須以專業的觀點判別指定案件的真偽優劣，並報告判斷之結果。

例如，屍體被發現之後，收到通報的警察局會立刻派遣警官趕往現場，確認死者到底是何人，並開始進行搜查。

若是有殺人的嫌疑，便不會進入一般的行政相驗，而是在檢察官的指導之下進行司法相驗。

保存現場相當重要，因此鑑識人員會先出動，採集現場證據，例如拍攝現場照片及採集指紋、血跡、足跡等。至於屍體，會由醫師在現場進行相驗工作（驗屍），檢察官則會先行立案，採取司法解剖的手續。

法官核發鑑定許可書之後，會決定由哪一位法醫學者擔任鑑定人，明記鑑定項目（死因、死亡時間、損傷之有無、凶器種類、凶器用法、毒物檢查、血型、DNA、其它），並委託司法解剖。

鑑定人必須依照鑑定項目進行解剖，詳細記錄觀察到的實際狀態，並附上解剖所見徵象的照片，同時檢查必須以顯微鏡觀察至微米狀態，血液、胃內容物、尿液等需進行藥物化學的檢驗。最終，綜合所有判斷來製作鑑定報告，再提交給委託鑑定的檢察官。

製作鑑定報告需要經過複雜的檢查程序並加以考察，另外，可能也需要引用文獻，因此，一份報告會花上數個月甚至幾年的時間。

檢察官會根據鑑定報告，在法庭上與辯護律師團（犯罪嫌疑人的一方）進行辯論。如果判決結果是檢察官勝訴，而敗訴的辯方不服，則可提出控訴[9]。

若是訴訟當事人對第一鑑定人的鑑定結果有異議或不滿，就會委託其他法醫學者鑑定，也就是所謂的再鑑定。

---

[9] 日本訴訟法裡的控訴，等於臺灣的上訴第二審。

相反地，也有檢察官敗訴進入第二審的例子。這時，會選擇具有權威的法醫學者作為再鑑定人。

接到再鑑定的委託或諮詢時，會先詢問事件的概要，並閱讀參考資料。特別是一定會徹底檢查法醫學鑑定報告。

書中我也反覆強調，若從這些資料當中，發現錯誤的判斷或矛盾之處，因為有提出反論的可能，我會接受委託；不過，若法醫學上的判斷正確且沒有矛盾之處，我便會拒絕。

我絕對不會因為被委託就接案，也不會配合委託人的要求進行鑑定。我認為那麼做的人乃是邪道，不能稱為真正的法醫學鑑定人。

再鑑定的委託人大多是檢察官，有些則是辯護律師，另外，也有法院來委託的例子。

在民事案件中，有許多保險公司與投保人爭論保險金支付與否的糾紛。也曾經有保險公司希望我成為他們的專屬鑑定人。我認為所謂的專屬，就是以做出對公司有利的判斷為前提來鑑定，這一點我實在無法接受，因此拒絕了邀約。鑑定原本就是為了公正地追究真相而存在，而一個案件只會有一個真相。如果有兩個事實，在本質上是相當奇怪的事。

訴訟時選用某鑑定結果，一旦勝訴了，鑑定人應該會得意地到處炫耀吧；如果敗訴，可能會發發牢騷、批評判決的結果。但是，對當事者來說，他們面對的是更艱難的現實。

訴訟總有勝負。敗訴的人是否接受判決結果是一回事，無論如何都不得不服從。如此一想，就知道再鑑定的影響有多大，所以我才會無法原諒任何模糊與妥協。同時，這也是我感受到自身職務有多麼茲事體大的瞬間。

閱讀案件的鑑定事例時，面對各式各樣的說詞，當成故事來講可能很有趣，實際上，必須以事實與理論指出對方的錯誤，並證明自己的主張為何正確，還必須以大家都能理解的方式加以說明，讓真相能夠大白，這是非常艱鉅而辛苦的工作。

所有的一切都是為了保護人權，絕不允許任何錯誤的判斷。如果各位讀者能理解到這一點，那就太好了。

上野正彥

二〇一六年一月

2AF507

我不是這樣死的

離奇屍體再鑑定，法醫現場的犯罪診斷報告書

作　　者　上野正彥
譯　　者　吳亭儀
編　　輯　曾曉玲
封面設計　萬勝安
內文設計　Meja
行銷企劃　辛政遠、楊惠潔
總 編 輯　姚蜀芸
副 社 長　黃錫鉉
總 經 理　吳濱伶
發 行 人　何飛鵬

出　　版　創意市集
發　　行　城邦文化事業股份有限公司
　　　　　歡迎光臨城邦讀書花園
　　　　　網址：www.cite.com.tw

香港發行所　城邦（香港）出版集團有限公司
　　　　　香港灣仔駱克道 193 號東超商業中心 1 樓
　　　　　電話：(852) 25086231
　　　　　傳真：(852) 25789337
　　　　　E-mail：hkcite@biznetvigator.com

馬新發行所　城邦 (馬新) 出版集團
　　　　　Cite (M) SdnBhd 41, JalanRadinAnum, Bandar Baru Sri Petaling, 57000 Kuala Lumpur,Malaysia.
　　　　　電話：(603) 90578822
　　　　　傳真：(603) 90576622
　　　　　E-mail：cite@cite.com.my

印　　刷　凱林彩印股份有限公司
初版 5 刷　2022 年 6 月
I S B N　978-957-9199-35-3
定　　價　320 元

客戶服務中心
地址：10483 台北市中山區民生東路二段 141 號 B1
服務電話：（02）2500-7718、（02）2500-7719
服務時間：週一至週五 9：30 ～ 18：00
24 小時傳真專線：（02）2500-1990 ～ 3
E-mail：service@readingclub.com.tw

若書籍外觀有破損、缺頁、裝訂錯誤等不完整現象，想要換書、退書，或您有大量購書的需求服務，都請與客服中心聯繫。

國家圖書館出版品預行編目 (CIP) 資料

我不是這樣死的 / 上野正彥著 ; 吳亭儀譯 . -- 初版 . -- 臺北市 : 創意市集出版 : 家庭傳媒城邦分公司發行 , 民 107.12 ; 240 面 ; 14.8 X 21 公分

ISBN 978-957-9199-35-3(平裝)
譯自：監察医が泣いた死体の再鑑定

1. 法醫學 2. 通俗作品

586.66　　107018214